教师用书系列

教海淘沙

朴俊娥 著

北京出版集团公司
北京教育出版社

U0598674

图书在版编目（CIP）数据

教海淘沙 / 朴俊娥著 . — 北京：北京教育出版社，
2020.1
（教师用书系列）
ISBN 978-7-5704-0389-9

Ⅰ.①教… Ⅱ.①朴… Ⅲ.①班主任工作—研究
Ⅳ.① G451.6

中国版本图书馆 CIP 数据核字 (2018) 第 146049 号

教师用书系列
教海淘沙

朴俊娥　著

*

北京出版集团公司　出版
北京教育出版社
（北京北三环中路 6 号）
邮政编码：100120
网址：www.bph.com.cn
北京出版集团公司总发行
全国各地书店经销
天津兴湘印务有限公司印刷

*

710×1000　　16 开本　　8 印张　　100 千字
2020 年 1 月第 1 版　　2020 年 1 月第 1 次印刷
ISBN 978-7-5704-0389-9
定价：30.00 元

目 录

第一编　物理教学 ……………………………… 1

　　物理教学中的创新教育 ……………………… 1

　　浅谈初中物理实验中教师的角色 …………… 13

　　浅探初中物理实验教学之创新思路 ………… 19

　　探究初中物理活力课堂的捷径 ……………… 23

　　让初中物理潜移默化地融入我们的生活 …… 28

　　浅探初中物理互动式教学的有益之处 ……… 33

　　物理教学模式浅探——实验、探究、评价相结合 … 38

　　如何创设适当高效的初中物理课堂的情境 … 45

　　"兴趣因素"在中学物理教育中的举足轻重之位 … 51

　　初中物理教学中的误区之探究 ……………… 58

　　让物理课堂变得多姿多彩的方法探究 ……… 62

　　激励学生学习兴趣的"小窍门" …………… 67

　　初中物理小小教学反思的大作用 …………… 72

　　物理课本中的活动探究要注意自然性之我见 … 77

　　如何让物理实验教学不再是纸上谈兵 ……… 82

物理课堂教学要遵循"三不要" …………………… 87

浅论投影仪和计算机在物理课堂教学中的大用途 … 92

物理演示实验中需要遵循的原则 …………………… 96

初中物理实验教学的教师角色功能分析 ………… 100

第二编　班主任工作 ……………………………… 106

解决师生关系的几个关键问题之我见 ………… 106

搞好班级管理工作就要"三心二意" …………… 109

班级管理中的优等生的模范效应 ………………… 114

做个爱阅读的班主任 …………………………… 118

做个心态阳光的班主任 ………………………… 120

第一编　物理教学

物理教学中的创新教育

"创新是一个民族的灵魂，是一个国家兴旺发达的不竭动力。"

只有创新，社会才能发展。时代需要创新的人才，因此我们的教育也要培养出具有创新能力的学生。而中学教育是培养创新人才，建立创新思维的关键。物理学是一门应用十分广泛的科学，与实际联系紧密，在创新教育方面应该一马当先。

要实现物理教学和创新教育的结合，教师首先要强化创新意识，从根本上更新教育观念。培养创新能力的关键是培养创造性思维，在教学中培养学生创造性思维能力，关键是要培养学生敢于大胆质疑的品质，有旺盛的求知欲，有强烈的好奇心，有丰富的想象力，鼓励幻想；激发学生的创造欲，鼓励独创性与多样性；培养不盲从教师、不盲从书本、不迷信权威的思维品质。要帮助学生克服形成创新的心理障碍，如胆怯感、神秘感、顺从感。教师在备课的过程中，要有意识地渗透创新教育的思想。

一、遵循认知规律，发挥主体作用，培养创新思维。

对中学生来说，头脑中旧的表象很少，展现书本知识发生发展的教学过程，就是学生创新思维的培养过程。在目前的中学物理教学中仍存在注入式教学模式，教师在教学中只注重学生学习的结果，而忽视学生学习的过程。学生缺少自主学习的思维空间，就很难谈得上创新思维的培养。要真正培养学生的创新思维，教师在教学中就要重视设计引导学生的学习活动，以相应的创新思维的熏陶，发展学生的创新意识。教师要不断激励学生通过观察、比较、实验、归纳、类比等手段提出种种假设或猜想，使学生逐步学会运用假设或猜想的方法解决问题，同时重视在教学中再现前人是如何创造、发明的，让学生在前人走过的轨迹上，经历失败和成功的磨砺，体会成功的喜悦。例如上"浮力的利用"时，我设计了几个实验。实验（一）把生萝卜放在水中，使之漂浮在盛水的烧杯中，然后在上面放上薄铁片剪成的小人，直到它们下沉。然后提问：怎样才能使它继续漂浮起来？实验（二）把萝卜挖空，重做实验。实验（三）把废牙膏皮卷成一团放入水中，怎样使它浮上水面？通过以上设疑，学生的求知欲一下子被点燃了。这不仅有助于学生加深对基本知识的理解，还有助于学生加深对研究方法的领悟，提高学生对科学的认识和创造能力。

在重视学生创新思维培养的同时，也必须重视对学生创造性人格的培养。例如在物理教学中穿插介绍伽利略敢于怀疑、不盲从权威的思想；介绍布鲁诺为坚持真理而献身的精神；学习牛顿的勤于思考、善于总结；学习居里夫人的刻苦钻研、勇于实践；结合我国当代的物理学家为祖国的强大而奋发拼搏的生动事迹，激发学生勇于探索、积极进取的科学热情。这对学生创新能力的培养也起着至关重要的作用。

二、改革实验教学，营造创新氛围，培养创新能力。

实验教学是物理教学实施创新教育的重要基础和手段，实验不仅对激发学生的学习兴趣，提高实践能力具有不可替代的作用，而且能为学生创设创新氛围，也是培养创新意识、创新思维、创新能力，提高科学素质的有效途径。

当前实验教学普遍存在着只重视简单的操作练习，教材中的演示实验和学生实验，从器材、方法到表格设计都是按照规定好的步骤和方法进行实验，教师很少去引导学生思考和探索，有些学生在实验中只是依葫芦画瓢，根本不能领会实验的原理和思想，不利于学生创新思维的培养。因此必须改革实验教学。例如，利用多媒体教学，可以把抽象的物理过程形象化。激发学生学习的求知欲，同时也扩大了学生的知识面。在讲解物体的浮沉时，对物体的上浮和下沉两个过程，很难通过实验来观察。学生同时对上浮和漂浮的关系很难理解。如果用动画手段，设计符合漂浮的慢放过程就可以非常细致地观察到。同时可以观察上浮物体在露出液面的慢放过程，学生会清楚地看到，随物体露出液面体积的不断变大，它排开的液体体积不断变小，浮力不断变小。当浮力等于重力时，物体静止在液面上——漂浮。这样就把很难描述的过程用大屏幕生动地显示出来，提高了学习兴趣。

在演示实验中，教师可以不拘泥于教材或教参的安排，进行一些创新设计，如可以将一些演示实验改为学生探索性实验。让学生选择器材、设计实验方法，在实验中发现问题，并寻找解决问题的方法，等等。创设条件，让学生充分地动脑、动手、动口，发挥学生学习的主动性，从而激发学生的创造性思维，对学生创新能力的培养起着潜移默化的作用。在实验教学中，教师不失时机地对学生中标新立异的方法给予肯定、支持和帮助，鼓励学生大胆地猜想和独立地思考，并通过实验否定错误的假设，或修正不完善的猜想，从而使学生解决问题的勇气、信心、毅力，科学的批判精神和创造力都得到有效地培养。

三、培养创新意识，激发创新欲望。

1、保护学生的好奇心

人们对问题的探究，往往是从好奇开始的，正是由于好奇心，引导着大量优秀的科学家去探索、去创造。玛丽·居里假如没有对放射性现象的好奇心，不可能在非常艰苦的条件下依然进行长期的研究，也就不可能发现钋和镭。所以从某种意义上可以说，科学始于好奇，科学探索就是从好奇的土壤中萌芽而出，成长为系统的、全面的理论。因而在中、小学的学科教育中保护、激发学生的好奇心，就显得非常必要。好奇心，每个人都有，如何使学生在接受科学知识的同时，不磨掉这份好奇心，这就值得为师者去研究。在中学物理教育中，根据学科特点，努力做到：满足学生的好奇心。凡是有演示实验的课，一定要进行实验，无演示实验的课，积极创造条件做实验，做到每节新课都有实验，并在课前早早地让学生去实验室，允许他们先观察和有保留地动手操作。其次，引导学生的好奇心。

教学中往往以新奇的实验或新奇的问题引入新课，并以新奇的问题结束；教学以解释新奇现象开始，并一环扣一环解开一个个新奇的问题，最后以新奇问题作为一节课的结束。课虽然结束但学生探索问题的劲头并没有结束，根据教学需要，穿插一些科学家的故事，讲讲他们是如何从对某一问题的好奇心开始，走上科学研究、科学发现道路的，品味科学家的好奇心。

2、鼓励学生怀疑和提问题

物理学中几乎每项一重大发现，都起始于对困难或问题的认识，是围绕着解决问题展开的，而善于提出问题，总是从对事物、现象或已有理论的怀疑开始的。英国科学家、哲学家卡尔·波普，在他所概括的科学发展的"四段图式"中，以"科学问题"的提出作为开始，以新的"科学问题"的发现作为转折。他认为科学并非始于观察，而是始于科学问题，正是问题激发人们去观察、去思考，主观上的问题启动了科学探索的创造机制，激活科学家的创新思路。

提倡学而有疑，打破"权威"观念。教学中鼓励学生就书本中的定律、定理提出质疑，敢于挑老师的"刺"，并以更全面、正确、简洁的解法代之。例如，阿基米德说过：给我一个支点和一根足够长的棍子，我能撬起地球。有的学生就通过整理数据获得结论，要想把地球撬起一厘米，需要上亿年，根本不现实。获得结论后学生的自信心大增，既提高了探究的兴趣，也夯实了基础知识。鼓励学生勤于观察、善于发现问题，物理创造思维的基点在于物理观察，创造是从观察开始的。一个学生如果有较强的观察能力，那他就能在日常观察、课堂上看演示、实验室中进行实验以及课外科技活动中发现直观材料的本质特征，并通过比较、分类、对比想象、推理等各种方式对所观察到的物理现象、物理过程和物理事实由感性认识上升到理性认识，使思维达到创造的境地。敏锐、精细的观察力是发明创造的前提，没有很强的观察力，就难以形成很强的创造思维。在物理教学中，培养与训练学生的物理创造思维要从培养与训练观察能力和提出问题的能力开始。为此教师在教学中，首先要鼓励学生勤于观察、大胆质疑、勇于发问。对学生某些天真的发问，教师要耐心予以解释，保护学生的创造精神。其次，要引导学生有目的地设疑。学生提问题有的是随意的，见什么问什么，这在青少年中是普遍的、多数的；有的则是有目的地，这是应当提倡的。教师在教学中应当引导学生从随意的疑问向有目的地发问发展，使提出的问题成为创造思维的源头。

四、开展研究性学习活动，促进学生创新能力的进一步发展。

创新教学的构成要素是研究性、主体性、发现性、归纳性等，这就要求教师在实施教学方法创新的同时，用"创造性的教"为学生"创造性的学"创造环境和条件。研究性学习就是根据这一需要设置的新的课程计划，具有典型的创新教育功能。

研究性学习是学生在教师的指导下，从周围生活和社会生活中选择和确定研究课题，以类似于科学研究的方法主动地获取知识、应用知识、解决问题的学习活动。通常有：查阅资料、实验操作、走访专家、社会调查、问题讨论、现场观察等。

结合中学物理教学开展研究性学习，学生接触到大量的实际问题，学生在自主活动中，提高了应用所学知识解决实际问题的能力。例如，几乎所有的课题研究，首要的一步都是收集信息资料。有的从图书馆获取资料，有的从网上获取信息，有的采访专家，有的编写问卷调查表，有的通过实验获取数据。第二步是处理信息资料，或作出统计，或制成图表。第三步就是加工信息资料。因此研究性学习不仅培养了学生收集、处理和加工信息资料的能力，更重要的是培养了学生的创新思维和促进了学生的创新能力的发展。一位参与研究性学习的同学谈道：研究性学习是个人兴趣、个性特长发展的最好方式，完全是一种自主创造性的学习活动。

五、在物理教学中培养创新能力的具体途径。

1. 多了解一些科学家发明创造的过程，从中可以学到如何灵活地运用知识以进行创新。

例如：在学电流的磁效应时，介绍奥斯特发现电流磁效应的过程。人类很早就发现电与磁之间存在着许多相似性，但到十九世纪初一些科学家还断言：电与磁除了表面的一些相似性之外，二者在本质上没有任何联系。但丹麦物理学家奥斯特坚信，电和磁之间应该存在联系，起初他认为电流与磁极的作用沿着电流的方向，但是按照这个思路所做的实验没有成功，在一次有关电和磁的演讲中，他偶然把导线和磁针平行，接通电源后，发现了小磁针的转动，这一现象给当时的听众没有留下什么深刻的印象，但却使奥斯特激动万分，他连续进行了 3 个月的试验研究，终于提出了电流也能产生磁场的理论。在奥斯特发现电流的磁效应以后，英国物理学家法拉第进一步猜测，磁也应该能产生电流，经过十年的研究，电磁感应现象被发现，从此电和磁的研究成为一个新的学科：电磁学。

2. "学贵有疑"。质疑是培养学生独立个性和健全人格的典型方法，同时也是培养创新意识，产生发明创造的重要方法。

教师要善于鼓励学生大胆质疑，欢迎学生与自己争论，要给予学生发表意见的机会，使学生逐步具有创新的意识。如在物理课堂教学过程中，某个学生提出了与教师截然不同的见解，教师不应该只是简单地否定学生，而应引导学生（课上或课下）审视其观点，并得出正确的结论。这样做可以保护学生学习的积极性，使学生树立起进行独立学习及创新的自信心，使其创新思维处于活跃状态。

不要讥笑看起来荒谬怪诞的观点，这种观点往往是创造性思考的导火线。如，创新意识使哥白尼推翻了地球中心说，推动了他建立太阳中心学说。又如，关于时间的同一性，多少年来一直被人们当作不言而喻的真理，但强烈的创新意识使爱因斯坦对它产生了疑问，进而深入研究了这个问题，终于为相对论的建立打开了缺口。例如，原子结构的发现过程，是学生卢瑟福通过实验，推翻了老师汤姆逊提出来的结构模型。又如，伽利略对自由落体运动的研究，他推翻了亚里士多德影响了两千年的论断：越重的物体下落得越快的观点。

3. 经常做分析、演绎、综合、归纳、放大、缩小、联结、分类、颠倒、重组和反比等练习，把知识融合贯通。

习题教学是培养学生创新能力的一个有效途径。习题教学要跳出"题海战术"的误区，要能使学生尽量从不同的角度，运用不同的方法来分析解决同一问题，运用一题多解、一题多变等形式使学生从单一的思维模式中解放出来，这样学生再见到新类型的问题时，就能以发散思维或集中思维等自己的创新方式来解答问题。如在研究"电学黑箱"习题时，可让学生充分发表见解，提出研究方法，最后进行最佳方案的归一。

4. 注重实验教学（演示实验、课后小实验、小制作、学生实验等）。物理实验教学是培养创新能力的有效途径

在物理实验教学中，不仅要让学生学会实验的具体做法，掌握一些基本的实验技能，还要引导学生学会研究物理问题的实验方法，为培养他们的物理创新能力打下良好的基础。如常用的间接测量的实验方法、"控制条件"的实验方法、"以大量小"的实验方法、测量微小量的"叠加法"、"替代法"和"比较法"等。教师通过选择典型的实验（可充分利用教材中的小实验、学生实验等内容），通过多种实验方案的设计、讨论和辨析来培养学生的物理创新能力。

5. 开展科技活动、展现创新能力

创新活动的基础是科技活动，为此在教学中必须千方百计、想方设法开展科技活动。组织学生开展集灵活性、知识性、趣味性于一体的科技活动。可组织学生开展研究

性学习，撰写科普文章，参加学校科技节的科普知识竞赛、科技制作比赛等活动，让学生通过动手把设想、创造、发明变成现实。这些活动的开展，除了能让学生了解一些自然常识外，更重要的是能激发学生探索科学奥秘的兴趣，培养学生的观察能力、想象能力、操作能力和创新能力。

　　教育创新是时代的要求，是进步的需要。我从事物理教学近二十年。经历了从应试教育到素质教育的转变，更加深刻体会到创新教学的重要性。新课改要求教师必须更新教育理念和教育方式。构建民主平等的师生关系，新课改的实质在于创新教育教学。因此，在物理教学中，要充分展示教学艺术的魅力，发挥学生思维的主体性，结合多媒体技术，将有利于培养学生的创新性思维，提高学生的创新能力。

浅谈初中物理实验中教师的角色

在中学，一提到理化生，避免不了要想到实验！而且物理、化学、生物这三门学科最主要知识就是来源于实验之中，实验是这三门学科的重要环节，因此我作为一名物理教师觉得在初中物理教学之中实验教学起着十分关键的作用，教师在对其教学时应当充分注重自己所采用的教学方法，认清自身在实验教学中扮演的角色，从而有效提升初中物理实验教学的效果。

一、目前初中物理实验教学的忧困

一直以来，我们的初中物理实验课都像是走形式似的，因为不考察实验操作，因而只要背会实验步骤，就能在考试中取得好成绩。在新课程改革以来，初中物理教学中实验教学占据的课程比例有着较大幅度的提升，许多教师都意识到实验教学对初中物理教学带来的积极性作用，对此给予了较高的重视。但是许多的教师在实际教学中却没有充分认识到自己角色功能，在开展实验教学时教师成为其中的主角，学生仍旧处于一种被动的接受学习状态，严重影响到初中物理实验教学的效果。即使对于一些自主性实验教学，教师都是提前为学生设置和讲解操作的步骤，然后让学生按照此步骤来操作完成，让学生总结归纳最终的实验研究结果，对于这种情况，自主性实验教学中的自主性和探究性没有得到体现，学生在实验的过程中也没有充分发挥自己的想象去不断地探究和学习，造成初中物理实验教学效果弱化的现象出现。

为此，在初中物理实验教学中，教师应当清楚明白自身的角色作用，然后才能够对学生作出正确的指导，提升初中物理实验教学的效果。

二、初中物理实验教学中教师的正确角色

只有正确认识到自己的身份角色，才能做好本职工作。这是自古以来做大事的人必须遵照的原则。也就是说，在初中物理实验中，教师的角色定位很重要。在不同的初中物理实验教学中教师扮演的角色和发挥的作用是不同的，教师应当认清各类型实验教学的作用，然后明确自身在教学中的角色定位，才能够更好地对学生展开指导、教育。当前在初中物理实验教学中常见的实验种类有演示实验、

自主实验以及探究性实验三种类型，下面分别从这三种类型实验中教师的角色功能展开探讨。

（一）演示实验中的示范功能

初中物理演示实验主要指的是教师将需要教学的实验内容按照操作步骤为学生进行演示，并在此演示的过程中对学生加以引导，让学生对整个物理实验进行观察分析。在演示实验中着重强调的是一种示范性，并以此实验来激发学生的学习兴趣，教师在其中应当充分发挥出自己的示范性功能。值得注意的是，在演示实验教学中，教师的引导十分关键，如果教师对此处理不好，将可能让整个教学转变为一种传授灌输的教学方式，对提升学生的学习兴趣，提高课堂教学效率所起到的作用较小。因此，在实际的演示实验教学中，教师应当注重科学合理的引导，抓住其中学生感兴趣的要点进行拓展，充分发挥出自身的示范功能作用。

例如，为了能够让学生对大气压强相关知识的学习产生更为浓厚的兴趣，可以为学生开展相关的演示实验。大家都清楚对一个塑料瓶用力吸气，该塑料瓶会瘪下去，这已经成为一种常识，但是大部分学生并不知道其中的原理，教师可以为学生讲解大气压强在其中的作用。然后教师向瓶中加入热水，之后将其放于冷水之中，塑料瓶也同样会出现瘪下去的现象，让学生思考分析其中的原因。在这种

15

教学方式中学生的主体性地位得到体现，教学的效率才能够得到提升。

(二) 自主实验中的自由发挥空间

初中阶段的学生对于外界事物的好奇心较高，尤其是面对一些较为新奇的事物或者现象时，这种好奇心表现得尤为的强烈。因此，在这种类型的物理实验教学中，教师应当给予学生更多自由发挥的空间，减少自身在物理实验教学中的讲解，让学生在物理实验课程之中有更多的时间去自由探讨、摸索总结和拓展发挥，这对提升学生的兴趣，培养学生的自主学习能力有着较大的帮助。

例如，在开展关于压强自主研究实验的过程中，为了能够让学生自身体会到压强带来的影响和作用，教师可以利用日常生活之中的鸡蛋来进行实验。让学生将鸡蛋放在手心之中，然后用力握鸡蛋，学生在进行亲身体验之后，会发现通过这种方式很难将鸡蛋弄破。而在大家心中鸡蛋通常都属于易碎的物体，只需要在碗边轻敲就会破掉。这种较为奇异的现象更加容易调动学生学习研究的兴趣，让学生产生强烈的学习兴趣，最后教师对该实验的原理和结果加以总结分析，由此带来的效果将会更好。

(三) 探究实验中的辅导性功能

在三种实验类型中，探究实验教学是最难的一种类型，单从教学过程来看，教师在其中所起到的作用进一步被弱化，但是在实际的实验教学中却并非如此。虽然不需要教师在教学中做过多的讲解分析，但是需要教师对学生探究实验的情况进行有效的监督，对于进入到误区之中的学生，教师应当适时地加以引导和纠正，让学生在探究性实验中思路更加清晰，培养学生的探究性思维。在此过程中教师更多的是发挥一种辅导性的功能，在学生需要的时候进行辅导，保证探究实验能够顺利完成，并发挥出良好的效果。

例如，在关于"凸透镜"的规律研究之中，教师首先需要为学生进行分组，以方便学生能够展开分组探究，然后将实验所需要的器材等交给学生，让学生以小组为单位设计探究实验，然后按照自己设计出来的探究实验步骤展开实验。在此过程中教师几乎变为课堂之中的旁观者，但是也正是因为教师作为旁观者，更加容易发现学生在探究性实验中所存在的问题，然后针对学生表现出来的问题给予他们及时有效的指导。如果发现在实验中所出现的问题较为普遍，教师可以专门对此问题展开讲解，充分发挥出自身在探究实验中的辅导性功能。

三、结语

总而言之，物理实验课中，教师的角色定位十分重要，

17

如果教师能定位好自己的角色，把握好自己在实验教学中的"分寸"，在不同的实验类型中发挥出不一样的角色功能，学生的实验课就会更丰富多彩，学生也会在实验中学到更多，从而让初中物理教学的效率更高。

浅探初中物理实验教学之创新思路

俗语有云"学会数理化，走遍天下也不怕"，可见数理化是初中阶段学生多么重要的学科啊！作为一名物理教师，也必须紧紧跟进新形势，这样才能与时俱进，把学生的物理成绩随之提高。新课改下，初中物理实验教学有很多创新思路，对于现阶段来说，物理的实验课更应该引起物理教师们的重视，那么如何才能把握初中物理实验教学的窍门呢？我感觉应该解决以下几方面的问题。

一、初中物理实验课的现状探究

以往初中物理实验提分法宝就是背实验步骤，背实验要点，背实验结果。这样的纸上谈兵式实验，却是师生"共同信奉"的。新课程改革背景下，传统的物理实验教学方式已然不能适应当前教学形式的变化，这就要求我们初中物理教师要能够最大限度地转变并更新传统的物理实验教学理念，对以学生为主体的教学模式进行实践。具体教学中，不仅要发挥教师引导者以及辅导者的作用，还要鼓励学生，让学生最大程度地参与到实验教学中去，在实践中发现问题、分析问题并解决问题，实现学生的全面、健康、可持续发展。

二、初中物理实验教学的创新思路

1. 创新性发展物理教学。

首先，教师可以开展探究性的教学模式。初中物理教学中，教师必须注重学生探究性学习的开展，作为学生学习路上的引路人，教师要能够从课程内容、课程重点等出发，为学生设计合理的问题情境，实现学生的自主学习。也就是说，教师在探究性教学中必须尊重学生主体地位的发挥。此外，还要重视教师为辅的教学地位，只有实现两者的有机统一，才能确保实验教学的教学效果，才能在锻炼学生创新性思维的同时，帮助学生养成良好的创新能力。其次，要注重实践性教学模式的开展。初中物理来源于生活，又高于生活，因此，教师在新课改下要能够结合课程需求，合理地开展实践性教学。课堂教学要能够转换到自然环境中去，让学生在实践中去发现物理现象，进而运用已学的物理知识去解决问题。

2. 注重学生创新思维的培养。

初中物理教学中，教师要能够采取可行的措施，不断提高学生的智力水平并培养学生的思维能力。这就要求教师教学中要能够将培养学生的思维能力放在首位，要能够真正意义上地培养学生的创新思维能力。在初中物理实验教学中，学生创新思维能力的培养可以有很多方式，比如创设情境、激发学生的求新求异思维、引导学生进行发散性思考以及扩展学生思考范围等。

值得注意的是，在培养学生创新性思维能力的过程中，要能够多方位、多角度地思考问题，常规性的问题也要站在非常规的角度去思考。众所周知，学生要想实现创新，就必须学会创新思维，这是学生善于思考、乐于思考的催化剂，是学生实现全面发展的前提。因此，具体教学中教师要能够通过各种各样的手段不断地激发学生思考的兴趣，不断培养学生的思考能力，让学生在思考的过程中提出科学、合理、独特的方法。

3. 构建科学、完善的学生成绩评价考核制度。

初中物理实验教学中，最关键的环节就是评价考核，这种评价既可以科学、真实地反映教学的效果，也可以充分发挥评价的功能，实现物理实验教学质量的提高。目前中考中已经加试物理实验了，也就是说中考中已经重视了物理的实验，何况我们平时的教学呢？因而在初中物理实验教学方式改变的大背景下，学校以及教师也要对评价考核机制等进行不断的创新以及完善，要能够制定相关、科学以及合理的评价方案，最大限度地做好评价设计工作，从思想上改变对评价考核的认识，真正意义上地提高学校、教师对教学评价的重视度。

首先，教师教学中应将学生能力、综合素质等作为评价考核学生的主要内容，在深入掌握学生对知识的了解程度以及应用能力的基础上，不断评估学生的实践操作以及逻辑思维能力，进而形成系统的评价考核制度。学生在物理实验的过程中，会出现各种各样的问题，针对这些问题，教师要综合考虑每个学生的情况，最大程度地给予学生鼓励以及支持，让学生在积极的评价下能够更好地投入到物理实验学习中去，最终熟练地掌握物理知识。

其次，教师要在定位好自己的角色后，适当指导学生的实验，鼓励学生独立自主完成实验的每一个环节，让学生在探索中发现规律，掌握知识。这就需要教师在指定的制度中，阶梯式评价学生的操作能力，比如可以分为全部自主完成、半自主完成、勉强完成等形式来确定学生的实验等级，然后按照不断进步的步伐再逐步提升学生的等级形式，每一等级提升的幅度越大，平时学生的实验成绩就越好。

综上所述，初中物理实验课需要我们不断摸索，大胆创新，这样才能真正实现实验课的思路创新，不断提升学生的主动动手能力，从而提高学生的物理学习效率。

探究初中物理活力课堂的捷径

“数理化”历来被认为是枯燥无味的公式、定理、实验的堆积物，而在初中物理教学中，要改变这种情况，就需要教师不断更新教学方式，调动一切资源，打造充满活力的物理课堂，让学生在活力四射的课堂教学中感受、获得知识，培养能力。为此，教师可以从学生感兴趣的事件出发来创设教学情境，为学生营造轻松愉悦的课堂氛围，让学生在课堂教学中充分发挥主人翁精神，展现自己的实力，张扬自己的个性。同时通过精彩的物理实验，让学生感受物理教学的魅力，构建充满活力的物理课堂。

一、创设舒适的教学情境，打造活跃的课堂氛围

好的学习情境与氛围是学习好的大前提。为了营造轻松活跃的课堂氛围，教师可以从学生感兴趣的事件出发，结合教学内容，创造性地给学生呈现新奇有趣的教学情境，

打造轻松活跃的课堂氛围，进一步展现课堂教学的活力。

如在教学人教版物理八年级上册"光的反射"时，需要让学生分析自行车尾灯的设计原理，目的是通过对自行车尾灯的结构和作用展开研究，认识到反射光线的路径，可以通过互相垂直的反射面的两次反射形成"原路"返回的事实。为了营造轻松活跃的课堂氛围，我在学生们思考和讨论后，引导学生展开联想：假如是在战场上，敌人用激光向你射击，你有没有办法进行回击呢？由于初中学生们乐于进行这样的想象，课堂氛围顿时被调动了起来，课堂变得异常活跃，学生们纷纷开动脑筋展开联想。此时我便组织学生以小组为单位，描述一下这种情况出现时的场景。面对这样的安排，学生们非常兴奋，课堂俨然成了一场科幻性质的故事会。经过几分钟的小组交流，学生们对光的反射有了更为清晰的认识。

在初中物理教学中要打造充满活力的课堂，需要教师结合学生的特点和教学内容的特点，创造性地展开组织和引导，营造轻松活跃的课堂氛围。

二、以学生为主体，创设自主学习课堂

学生是学习的主体，只有让学生主宰课堂，才能充分调动学生的积极性。为此，教师在课堂教学中要多从学生

熟悉的事件入手，组织教学活动，让学生有话想说，放手让学生尽情地表达和交流。

在学习有关物体摩擦力的知识时，教师先把这节课定位为学生的自主合作探究。教师可以组织学生们列举出在生活中与物体的摩擦有关的现象。学生们对于生活中与摩擦有关的现象感受很深，不少学生列举出人走在光滑路面上的时候，容易摔跤，并做出摔跤的滑稽动作；还有的学生举出骑自行车时车轮和地面之间有摩擦，否则车轮会打滑无法前进；当然女生们必不可少地会举出梳头时的静电现象，还有冬天时衣服与衣服之间的"粘连"情况，等等。之后教师引导学生对影响摩擦力产生以及大小的原因展开自主讨论和研究，并鼓励学生在课堂上就自己举出的例子进行模拟再现。这样的活动极大地调动了学生的学习和探究热情，他们纷纷对自己所举的事例展开模拟。有的模仿滑雪的动作，有的模仿拔河的场景，有的现场表演梳头，等等，学生们在热烈的课堂活动中，实现了自主参与和自主探究，真正地把自己当成了课堂学习的主人。

此后，教师还可以要求学生利用教师所给的实验器材在课堂上进行实验探究，让学生们根据实验的内容，以小组为单位设计探究实验，并到前台进行展示。最后，让每一个小组对研究课题进行总结。

在物理课堂教学中，发挥学生的主体作用，让学生们成为物理课堂的主角，能有效地调动学生的学习和研究热情，让学生们的学习热情充满整个物理课堂。

三、感受物理实验的魅力，激活课堂的教学活力

在物理实验教学中，很多教师由于担心学生纪律不好而影响实验的效果，因此不断采取措施压制学生的表现，控制学生的行为。这些死规矩导致物理实验死板且无创新。而我认为，只有放手让学生动手操作实验，才能让学生感受到实验的魅力，才能激活课堂的活力。

如在欧姆定律的学习过程中，为了激活课堂活力，教师可以把欧姆定律的探究实验作为课堂教学的重点。首先让学生回忆前面所学的有关电压、电流、电阻的基本知识，为本实验作准备。然后，引导学生对电压的测量、电流的测量以及对电阻的认识展开讨论，明确测量电压、电流的工具和操作步骤。在此基础上，再通过一系列有关电压、电流、电阻的问题引导学生针对电路中电压、电流、电阻的关系展开猜想，针对自己的猜想设计实验方案，并通过实验验证自己的猜想是否正确。最后，让学生以小组为单位，针对自己的实验构想组织实验器材，连接实验电路，进行实验操作和记录实验数据。学生们通过实验，验证了自己的猜想，感受到了实验的魅力，让课堂教学活力尽现。

四、结合其他学科的教学，拓展物理实验的意义

物理实验其实有很多可以和其他学科相联系的，这就需要教师开动脑筋，多向其他学科教师请教，多听边缘学科的课，从中发现彼此的内在联系。就比如在八年级上学期的语文课中，有一课《苏州园林》，在听这节课时，我竟然发现了语文课中还有物理实验的影子！那里有一段文字曾说：游览苏州园林必然会注意到花墙和廊子……有几个园林还在适当的位置装上一面大镜子，层次就更多了，几乎可以说把整个园林翻了一番。这里的大镜子就是取我们物理实验中的平面镜成像的原理来设计园林景观的。当时语文老师还即兴发挥，让我在课堂上把平面镜成像原理给当场讲解一下，使学生们对在适当的位置装上一面大镜子有了更深层次的认识。可见边缘学科的融合对物理实验教学也有很大的促进作用。

总之，在初中物理课堂教学中，通过打造充满活力的物理课堂，可以有效地提高教学的效果。初中物理活力课堂的展现，需要教师结合学生的实际情况创设情境，营造轻松活跃的课堂氛围，充分发挥学生的主体作用，让学生体验实验教学的魅力，从而有效地促进物理教学的效率提升。

让初中物理潜移默化地融入我们的生活

虽然说语数外物化是中考必考的科目，也是所谓的主科，但与初中其他学科相比，物理这门课程比较抽象和复杂，又与生活实际息息相关。在初中物理教学中，回归生活实际，开展生活化教学，在一定程度上既能够帮助物理教学内容深入浅出、化繁为简，使课堂教学更加生动易懂，又能够有效激发初中生主动学习物理和参与课堂的兴趣和积极性，提升物理课堂教学的有效性。这就需要教师要千方百计地创新物理课堂，使初中物理在潜移默化中融入我们的生活。

一、何谓初中物理生活化教学

"生活化"教学即将生活引入教学，通过将课程教学与生活实际联系起来，以达到促进教学的目的。在初中物理教学当中，生活化教学方法是新课程改革背景下物理课程进行教学创新的典型方法之一。所谓的初中物理生活化教学，其主要涵义是基于"生活化"概念，将课堂教学进行生活回归，利用学生生活常见的案例、物理相关现象等进行课堂导入，并为学生创设与教学内容相符的生活化情境，鼓励学生运用生活化思维和知识来认识和理解课堂所学内容，最终建立起对物理学科的认同感和兴趣，充分意识物理知识与生活实际息息相关，学习物理具有极其重要的作用。

二、开展初中物理生活化教学的意义

将初中物理课堂教学与生活实际联系起来，开展生活化教学无疑具有十分重要的意义。一方面，初中物理生活化教学彰显了新课程改革"以生为本"的教学理念，做到了通过引入学习者自身生活经验达到吸引和提高学习者主动学习的兴趣的目的，是学生课堂主体地位的一种体现，对学生主体意识的培养和自主性作用的发挥都有极其重要的作用。另一方面，初中物理生活化教学还能加深理论与实际二者间的联系，引发学生对物理知识的生活联想，帮助其更好地学习和理解较为抽象、深奥的物理知识。除此以外，开展初中物理生活化教学还能增加学生学习物理的动力，使他们在丰富的物理生活化情境中感悟学习物理的乐趣，让学习不再是一件枯燥、困难的事情。

三、开展初中物理生活化教学的方法

通过前文分析，我们得知了在初中物理课堂实施生活化教学的涵义和重要性。那么，在实际教学中，应当如何入手，才能有效实现以生活化教学促进物理有效教学的目的呢？作者认为可以从以下三个方面出发：

（一）以生活感受引发学生的物理联想

在对过去初中物理教学进行反思总结时发现，大部分学生觉得物理知识很难理解都是因为在思维里面无法想象出抽象性物理知识内容和现象。这种想象缺乏的问题，归根究底是在于初中生缺乏充足的生活体验，未能感悟抽象物理知识。对此，有必要从学生生活中所见所闻的生活感受入手，引导他们对抽象物理知识的联想与想象。比如在进行初中物理关于"力"知识的教学时，可以预见，如果没有充分的感受与体验，光靠教师口述很难真正描绘出"力"这样一个看不见、摸不着的抽象概念。对此，作者就通过生活化手段，将"看不见、摸不着"的"力"，运用生活化的方法"加工"，转化为可以看见的形式。在教学中，作者先是让学生鼓掌来切实体验作用力与反作用力，让他们感受"力"，并理解"力"的作用是相互的这一知识点。

通过这样一个简单的生活化方式处理，最终达成的教学效果却十分喜人。

（二）以生活情境揭示深奥的物理规律

物理知识源于生活并高于生活。在初中物理教材中，几乎所有的知识在生活实际当中都有迹可循，因为其本身就是前人实践留下的结果。因此，在开展物理生活化教学过程中，就可以通过创设生活情境，将物理规律融入生活情境当中，让学生在体验生活情境的同时，能够有效地学习和体验相关的物理规律。比如在进行"液化"这节课的教学时，作者就为学生创设了其生活常见的教学情境，包括为什么开水烧开了会冒出"白汽"，冬天戴着眼镜走进屋子镜面会形成一层"白雾"，等等，通过这些学生生活常见的现象进行情境创设，引导学生分析和探寻，最终揭示物理规律，帮助学生学习与理解。

（三）以生活经验引导学生对物理的探索

生活经验是初中物理生活化教学的基础，在开展生活化教学中，教师可以积极运用生活经验，来引导学生对物理知识和现象的探索，并以此培养学生的自主意识，发挥其课堂学习的自主性。放眼生活，与物理相关的生活经验随处可见，比如在实际生活中，当刀子钝了，通过磨一磨就会变得好用，这是通过减少受力面积的方法来增大压强，使刀子变得更加锋利；下雪的时候不会很冷，反而在雪融化的时候很冷，这是因为融化吸收热量的原理；在高速公路转弯的时候，会感觉人往外甩，这是有关物理中向心力的知识；等等。教师在实际教学中，就可以适当运用生活经验，让学生结合物理知识尝试自己说一说、看一看、想一想，从学习过程中收获物理知识，并最终培养出探索科学的精神。

四、总结

综上所述，初中物理与生活实际紧密相连，在初中物理课堂教学中开展生活化教学具有重要意义。未来，应当不断完善教学理念，创新教育模式，真正做到将初中物理学科教育与生活实际紧密结合，来提升初中物理课堂教学有效性。

浅探初中物理互动式教学的有益之处

随着中学教学改革的不断深入，特别是在初中物理课堂的教学方面，本着适宜为主、化难为易的教学原则来构建初中物理课堂互动讨论教学模式是符合时代潮流发展的。该教学模式能够打破了传统教学方式，是在现有的教学模式的基础上进行的一定的延伸、拓展，本质上是互动教学理论与互动教学实践的有机结合，这对培养学生形象思维、提高学生课堂参与度、保证初中物理教学质量的提升有着至关重要的作用。本文结合苏教版初中物理教学实例探讨初中物理课堂互动讨论教学模式的构建过程，从本质上改善物理难教、难学的现状。

一、学情分析

处于青春期的初中生思想还不够成熟，感性认识大于理性认识，喜欢从主观角度来理解事物，很少从科学客观的角度来分析事物自身特性，特别是对于较为抽象且难以理解的物理知识，在理解方面存在一定的困难，继而在物理课堂上出现学生懈怠、教学枯燥等情况。因此，为了增强学生对初中物理课堂直观性、形象化认识以及提高学生学习物理知识的积极性，关键在于结合实际教学情况有效地构建初中物理课堂互动讨论教学模式，这对培养初中生形象思维、推动初中生综合素质全面发展起到不可替代的重要作用。

二、构建初中物理互动课堂

1. 增设情景再现环节，设计物理问题

在实际物理教学中，适当增设情景再现，不但可以营造有趣的教学氛围，还能够加深学生对物理知识的理解，使得抽象的知识形象化、直观化，巧妙地引出问题；不仅可以引导学生组间讨论，提高学生课堂参与度，还可以培养学生独立思考能力以及团队意识。

比如，在八年级下册"压强与浮力"这一章的浮力知识点讲解中，教师应当增设情景再现环节，在课堂上现场演示把一枚鸡蛋丢入清水中，然后在清水中添加一定量的盐，请学生仔细观察实验变化。然后根据实验变化向学生提出问题：为什么鸡蛋会浮起来？是什么因素影响了鸡蛋所受到的浮力？然后再进行第二个演示实验：将一个金属

块置在弹簧测力计示数下方挂钩上，竖直将弹簧测力计下的金属块置入水中，确保金属块全部没入水中，观察弹簧测力计变化，然后再提高弹簧测力计，确保金属块的一半体积没入水中，观察弹簧测力计的变化值，最后对比弹簧测力计前后示数的不同。根据实验观察结果向学生提出问题：金属块的浮力是否发生变化？若发生变化，改变的原因是什么？在两组实验结束后，要求学生独立思考过后展开小组间讨论，讨论结束后，说出想法与根据。

又如，在"声现象"这一章的教学中，我们需要学习音色、音调、响度等知识点，但是音色相对于其他两个知识点，存在一定的抽象性且难以理解，不利于学生在课堂上展开互动讨论，这时教师应当提出相应的问题来引导学生理解区分，如：为什么可以从人的声音辨别不同的人？为什么吉他与古筝发出的声音不同？

2. 注重实验教学，培养学生创新能力

在实际物理教学过程中，教师应当充分认识到大多数学生对实验教学这一环节的内容是非常感兴趣的，利用这一点来丰富物理教学中的实验部分，培养中学生的动手能力和在实验过程中解决问题的能力。具体表现如下。

一方面，完善实验教学与增强学生动手实验能力。这有利于增强中学实验考试结果与实验教学评价的客观性、科学性以及有效性，继而有利于实验教学的改进，保证实验教学的质量，确保有效满足教学目的的客观要求。进行学生动手实验环节应当注意教学的层次性。比如：在八年级物理实验初学阶段，学生可以自己动手进行一些简单的实验，如振动产生声音等实验；当实验教学进入较为复杂的阶段，教师可以事先给学生进行一遍演示实验，再安排和组织同学分小组实验，待到学生的实验操作能力成熟时，学生可进行独立实验操作。这样根据实际教学情况来对学生进行分层次、分阶段的实验教学，不仅能够锻炼学生独立探索的能力，还能够培养学生动手操作能力以及形象思维能力。

另一方面，鼓励学生进行一定的模型制作。实际物理教学中存在一些难以理解的抽象的物理规律与概念，为了确保学生真正理解相关物理知识，可以鼓励学生进行一定的模型制作，推动学生对物理知识由抽象向直观、形象转变，由感性认识向理性认识转变。比如：在八年级"光的折射透镜"这一章节的教学过程中，教师给予学生光折射与透镜的有关图案，鼓励学生去制作光折射模型以及手工DIY简易照相机等模型，在物理课堂上将学生制作出的模型进行比较组合，让学生弄明白光折射与透镜等规律的本质。

3. 采取现代化的课堂教学手段

通过先进的多媒体教学手段来加大白板教学的推广与应用，这能够有效地解决物理理论知识生涩难懂的问题。多媒体教学手段不但能够利用图片、动画以及影像资料等形式将抽象化的物理知识直观的展现给学生，还能够展示与物理有关的实际生活场景，更好地吸引学生的课堂注意力，同时教师还应当引导学生对图片、影像等资料的观后感进行适宜的讨论与分享，表达自身看法与依据，从而加深对抽象物理知识的认知度与理解力。比如，在讲授"从粒子到宇宙"这一章节时，对于较为抽象的宇宙、微观世界等知识，教师可采用相应的图片、演示动画以及对某些经典的宇宙影片进行一定的剖析和评价，吸引学生对宇宙世界与微观世界的学习兴趣，加深对该领域知识的认知。

三、结 语

在实际物理教学过程中，为了保证学生的主导地位，培养学生综合素质，可以从改善课堂互动形式出发，充分发挥学生在课堂上的主导作用，培养学生形象思维、独立思考、自主学习的能力。初中物理课堂互动讨论教学模式的构建，不仅能够加强师生之间、同学之间的交流互动，还能够促使学生借助先进、科学的多媒体教学手段来展开创造性、个性化的学习，对学生综合能力的全面发展有着重要影响。

物理教学模式浅探——实验、探究、评价相结合

　　初中物理是一门以实验为主的综合实践课程，而一提到物理，学生们最关心的就是实验——玩！为了进一步激发学生的兴趣，发挥对教学的定向和导向作用，不断培养学生的创新能力和动手能力，充分发挥学生的主体作用，让学生主动地接受知识，并根据初中学生思维特点，在教师的引导下，通过实验探究活动，让学生亲自实验和观察各种现象，亲身体验通过实验进行的探索规律的活动。并在实验探究中不断反思与评价，积累学习经验，提高课堂效率。

　　其实初中物理教学方法应该是新的，它不但培养了学生的动手能力，而且大大激发了学生的兴趣，受到学生的好评。但大部分实验还是初中物理教材中实验内容的重复，实验的仪器配置还是陈旧的，实验内容以验证性为主，实验编排与教材不够吻合。这与目前所提倡的"新内容、新方法、新实验"进课堂和强调理科的"实践定向性"差距还很大，并且目前，在初中物理教学中教师的主导作用与

学生的主体作用脱节的现象比较严重，学生被动接受知识灌输的问题没有得到根本解决。所以我们设想能否在落实实验的多种功能，充分发挥实验、自主探究、评价相结合的方法，发挥对教学的定向和导向作用的基础上，不断培养学生的创新能力。因此在教学中需要考虑以下几个方面的研究。

一、学情探究

根据初中学生思维特点，实验作为提出问题、探索问题的重要手段，在教师的引导下，学生通过实验探究活动，亲自实验和观察各种现象，亲身体验通过实验进行的探索规律的活动，并在实验探究中不断反思与评价，积累学习经验，提高课堂效率。

二、模式摸索

兴趣是学生最好的老师，没有丝毫兴趣的强制性学习将会扼杀学生学习和创造思维的发展，并且实验中千变万化的现象对学生最有吸引力，最容易激起学生的求知欲，在实验内容中增设趣味实验，能使学生最大程度地参与实验、依据实验对所提出的问题进行学生间的自主探究，发挥学生的主观能动性，并开展批评与自我批评，正确地进行评估。初中物理是以实验为基础的一门基础科学，如果物理科学知识不是从实验中产生，并以一种清晰实验结束，便是毫无用处的、充满荒谬的，因为实验乃是确实性之母。"实验是物理最基本、最重要的研究方法"。因此，学生在物理自主学习中必须以实验探究评价为中心。在实验中探究，在探究中反思与评价。

三、方法确定

自主探究与评价，最主要的特点是自己本身是学习的主体，其主要优点是学习者的主体意识强烈，并且自己钻研出的知识掌握的比较好，能逐渐积累和运用较好的学习方法并形成习惯，能不断地形成和提高独立获得知识的能力，老师在课堂教学中应该给学生提供充足的空间和环境，充分发挥学生的主体作用，把握好自已的角态，精心组织课堂，让学生在实践中想、做、反思自我。总结经验。

四、操作原理

以"教师放手，学生动手"为主旨的"开放性实验教学"，着力于培养学生的创新能力，提高学生的整体素质，体现学生的主体意识和个性差异，坚持"以人为本""以个性发展为中心"的教学观，做到思想开放、时空开放、资源开放、形式开放、内容开放、作业开放。

五、应用意义

运用评价激励学习是依据一定的目标、需要、愿望为准绳的价值判断过程，运用评价能使学生心理得到较完善的发展，形成良好的品质，使个体的心理倾向与环境要求之间取得积极平衡，形成良好的品质，自觉调节自己的态度和行为，充满信心地去学习。

"实验、自主探究、评价"是在教师的指导下，充分利用评价手段，引导学生自己提出问题、自己设计实验、自己准备器材、自主进行实验、自行探索问题索取知识的一种课堂教学活动，教学过程中教师根据教学要求向学生提出学习目标，激发学生学习的动力，让学生自学知识或自主进行实验探索，实现学习目标体系的初级的层次——识记；教师根据反馈信息调控教学过程，再提出新的问题，学生运用所得知识，在小组或全班进行讨论解疑，或进行新的实验探索，解决新问题，实现学习目标体系的中级层次——理解；在上述基础上，教师引导学生归纳、整理知识，发现规律、运用规律，实现学习目标体系的高一级层次——运用。教学过程自始至终运用评价手段，激发学生学习兴趣，调动学生学习积极性，在教学过程中学生乐于参与，积极动脑、动手，勇于探索，必然有利于学生素质的提高和能力的培养

在"实验·探究·评价相结合"的具体操作中，教师要根据教材、知识内在规律、学生实际水平深度，将每个知识单元的学习分成四个阶段：学习、练习、复习、检测，设计学习程序，指导学生自学（主要学习实验方法）、实验交流、小结。而评价能使学生在学习、练习、复习、检测各个阶段中感到"不断进步"，保持积极的学习态度。

（1）鼓励性评价。如在自主实验中对学生的实验设计和实验操作给予肯定性评价，对学生的创新实验的想法和要求给予鼓励与支持，必能更好地激发学生的兴趣与热情。

又如在练习课中，教师布置知识、能力不同层次的习题让学生自解，教师巡回点拨指导，对学生原有基础上的每一点进步或对问题的独到见解给予鼓励性评价，如"你掌握得非常快""你说出了一个十分有意思的想法""大家

看他是怎样做的"等。鼓励性评价能增强学生的个人荣誉感，学生学习的自信心就会增强，学习积极性就会更高。

（2）学生自我评价。自我评价是受教育者主动对自己提出的任务，自觉地促进思维的转化，从而形成良好的思想品质的活动，它是学生思想和行为发展的内动力因素。教师应引导学生形成自我评价能力：①培养学生自我调节的能力；②培养学生良好的自我意识；③培养学生激发自我教育的愿望；④培养学生适度的理想水平。自我评价不仅是思想和心理上的修养，还包括再实践中的积极锻炼，人只有通过实践——认识自己——教育自己——再认识自己——再教育自己的循环过程，才能使自身发展的更加完善。

总之，"实验·探究·评价相结合"的教学模式在物理教学中的应用后，激发了学生学习物理的积极性。爱因斯坦说过："如果把学生的热情激发起来，那么学校规定的功课就会被当作一种礼物来接受。"可见兴趣决定是学习好坏的关键。我们运用"开放性物理实验教学"中的"自主探究——评价法"改革物理课堂教学，绝大部分学生从被动学习变为主动学习，学生自主探究物理知识的气氛比较浓厚。学生的物理知识和实验技能明显提高。由于充分发挥物理课堂教学每一个环节的教育作用，学生自主设计实验、利用实验探究物理知识的能力普遍提高，运用物理知识解决实际问题的意识得到了加强。

　　因此说，"实验·探究·评价相结合"的教学模式，一定会深受全体学生欢迎的，学生自主学习物理的兴趣盎然，学生的物理成绩不断提高，用评价手段激励学生的学习，培养学生的自主学习能力、自主探究能力，使学生递进式地学习掌握知识，这不仅是教与学的方法的改革，更是教育观念、教育思想与教育内容的改革，我们将继续不断地进行探索与实践，从而完善物理教学的创新模式，把学生学习物理的兴趣拉升到最高点，以便提高中学生的中考物理成绩，使主科中的副科拥有举足轻重的地位。

如何创设适当高效的初中物理课堂的情境

　　无论是学习哪一学科，学习情境的设置都至关重要。而对于物理学科来说创设高效的物理课堂情景尤为重要。因为如果一味地强化公式定律的记忆，课堂就将变得和电脑程序一般枯燥！为此，作者针对初中物理课堂中的情境教学做了一些理论和实践的探讨，内容主要包括物理情境的实施原则，并对初中物理情境教学的实施策略进行了较为全面的介绍。

　　当今社会，国际间的竞争是人才的竞争，是具有创新思维和创新能力的人才的竞争，而人才的培养靠教育。因此，在教学中培养学生的良好的思维能力有着积极的社会意义。而传统的教学模式是学生被动地接受教师的提问，缺少情景创设，导致学生缺乏问题意识，不能发现问题中所包含的正确规律，而无法用已具备的知识去解决问题，长期以往，会扼杀学生的知识迁移能力和创造能力。究其原因是我们在课堂教学中忽视了在对学生情境学习指导和情境教学模式的深入，只是让学生停留在学徒制的模仿中，学生只是学到了知识的表象，而没有认知到知识的本质。所以要培养学生创新能力，情境教学就显得非常重要和迫切。

一、创设情境的实施原则

（1）情境创设要符合学生的认知结构，围绕特定的物理知识点。物理情境创设应服务于一定的教学目标，应有利于学生对有关的物理知识和物理思想方法的掌握，有助于理解物理知识的本质。

（2）情境创设要符合学生的年龄特征及其物理思维的发展特点。物理情境创设应与学生的物理认知发展水平相适应，应基于学生的"最近发展区"。

（3）情境创设要具有科学性、探究性、趣味性和发展性，即所创情境的内容、结构与表述要科学。情境材料或活动应富有探究性，利于学生从事观察、实验、猜想、验证、推理与交流等活动；在内容与问题信息量上应有较大的发展空间，利于学生积极、广泛地思考。

（4）情境创设要尽可能真实，贴近学生实际。物理情境的创设应尽量源于学生的生活，不脱离学生生活的实际。远离学生生活实际的情境不易使学生产生亲切感且在解释物理情境的相关知识上费时过多。

二、情境教学的实施策略

1. 建立良好的师生情感。

师生关系的构建是教学者和受教育者双方的活动，但教学者一方是构建的主体，良好的师生关系发展模式是：师对生，熟悉—和睦—理解—信赖—睿智；相应的，生对师，接近—安定—共鸣—信赖—觉悟、决心。这一模式说明建立良好的师生关系有利于创设理解、信任、轻松、愉快的教学活动气氛，使教师所教的内容更易为学生接受；有利于师生交流，产生共鸣，从而使教师的知识向学生迁移，用师情融生情，用师魂铸生魂，使教学由客观的认识活动上升为主观的同化活动，继而再上升为师生共同创造，具有生成新智慧的真正属于每一个人的生命活动，在这样的活动中，学生的自主性才能得以充分发挥，潜能得以最大限度地开发，情感得以和谐发展，个性得以充分张扬。

2. 创设实验情境，培养学生的探索精神。

初中学生的认识往往是从感性认识到理性认识，从具体到抽象。从物理事实出发，建立概念，这是一个抽象概括过程，物理学上的所有概念几乎都是这样形成的。物理学是一门以实验为基础的科学，物理概念、物理规律不是凭空产生的，它们的发现和确立都有坚实的实验基础，做好实验就弥补了只见"理"不见"物"的学习方法，让学生获得了第一手资料，心理学的研究表明，思维作为学习过程中智力活动的核心，其发生和发展一般要经过从动作思维到形象思维再到抽象逻辑思维三个阶段，其中动作思维是以个体探索外界物体的动作为前提条件的，因此，创设实验情境，让学生亲自动手，通过听、看、嗅、触，从而满足感知的第一阶段的要求，这为经验的获得和理论的理解、升华及新理论的内化创造了条件。

3. 创设探索验证情境，培养科学探究能力。

探究性学习过程中学生是通过"做科学"来"学科学"，需要学生从情境中认识问题、提出假设、收集资料、实验验证、处理信息、解决问题，这些都必须内化成学生的自身经验体系。此外，探索验证过程创设类似科学家的研究情境，以观察实验为基础，以假设为基本方法，以质疑验证为基本手段，建立新旧知识的联系网络，直至问题的最后解决，其中既有形象思维、动作思维，又有抽象思维；既有聚合式思维，又有发散式思维，可以让学生在学到物理基础和基本技能的同时，受到科学思维和科学方法的训练，受到科学作风的熏陶，有利于全面提高学生的科学素养与科学能力。

4. 通过多媒体创设物理情境，使抽象的物理概念更直观。

物理学所研究的对象很多是微观的、细小的，也有很多是宏观的、庞大的。对于这些微观或庞大的抽象物理现象和规律，在现代化教学媒体的支持下，运用多媒体课件为学生的主动建构提供了大量丰富、生动形象的信息，根据教学设计的要求，经过图形动画文字、声音等处理，以一种逼真模拟的方式，将静态变动态，对微观或宏观庞大的物理过程进行模拟，创设思维情境，启迪学生思维，找到新旧知识的结合点，实现新一层次知识的自我建构。

5. 通过生活中的现象创设物理情境。

物理知识来源于生活，物理学与生活、社会有较紧密的联系，在教学过程中，教师可以精选、精讲一些与物理有关的信息，而更多的信息、更多的物理知识则可以通过学生阅读教科书和其他补充材料（包括视听材料）去收集。也可以结合本地实际准备一些相关的小课程让学生去调查研究。所以在教学过程中要注重激起学生回忆平时经常会见到的一些现象来创设物理情境。我们就可利用这些现象，引起学生的兴趣，激发学生的思考。

还可以利用生活资源进行物理实验。只要我们在生活和教学中，时刻做有心人，充分利用身边的生活资源，善于观察、善于思考、善于实践，发挥聪明才智，常见的生活资源便可变废为宝，让生活资源成为课程资源。其方法是：一、看见一个生活物品，就立即想，这个物品能做什么实验，它有什么特殊的功能，联想它在自己教学实验中的用处；二、课本中或是探究过程中的实验，思考要用什么日常生活资源，能否可使实验效果明显、可见度大、具有奇异性、成功率高或能否设计出另一个巧妙的方案；等等。

三、结论

总之，为了能够激起学生学习物理的兴趣，在整个物理教学过程中，恰当地创设教学情境是提高教学质量，是培养学生学习能力的一项有效教学策略，教师教学过程中应该认真而深入地分析大纲和教材内容，潜心研究学生的认知心理特点，并在此基础上创造恰当的教学情境，以激发学生的学习和好奇心，激活学生的思维活动，从而达到培养和提高学生创新学习能力的目的。

"兴趣因素" 在中学物理教育中的
举足轻重之位

"好的兴趣是学习好的开端"，这是人所共知的。而所谓的兴趣，是指一个人积极探究某种事物的心理倾向。它是人认识需要的情绪表现，反映了人对客观事物的选择性态度。兴趣在人的生活中有着重要的意义。健康而广泛的兴趣使人能体会到生活的丰富和乐趣，深入而巩固的兴趣能成为事业成功的动力。

"兴趣物理"就是利用生活中司空见惯而又不容易引起人们的注意或思索的物理事实和现象激发人们对物理产生浓厚的兴趣，促使人们开始更广泛和深入地学习、探究物理理论的教学手段。具体落实到中学生身上，就是激发中学生对物理科学的兴趣，使其自觉、主动地学习，在生活中学习、探究物理知识。"让学生在快乐中学习物理"是这一教学手段的核心理念，可见兴趣因素在物理教学中占有举足轻重之地位。

一、"兴趣物理"构想框架

1. 初中物理教学中"兴趣物理"教学是由初中物理学科的特点决定的，这是实施的前提因素。

初中物理知识是学生在初中所学物理知识的重复和延伸，但这种重复又不是单纯意义上的重新学习，绝大多数知识要求学生从定性认识的层面上提高到定量计算的层面上。例如：初中对"光的折射"一章，大纲只要求学生认识"光从空气中射入水中时一般会发生折射，折射角小于入射角"，而初中物理教学大纲明确要求学生会应用折射率公式（即 $n = \sin i / \sin r$）对入射角、折射角的大小进行计算。不仅如此，初中物理课本中介绍的物理知识较为抽象且要求学生在脑海中建立一些新的观念，例如对于电场、磁场的理解，它要求学生在学习的过程建立"场"的观念，而这在初中学习过程中几乎没有涉及或涉及较少，它导致学生在学习过程中不易理解，会使学生感到枯燥和乏味，久而久之产生厌学情绪。但如能让学生在学习物理的过程中始终保持一种"原动力"（对物理浓厚的兴趣）来学习物理，则会帮助其克服学习中遇到的困难。因此，初中物理学科的特点决定了物理教学中应当采用也必须采用"兴趣物理教学法"。

2. "兴趣物理"实施的前景

我国在当前形势下提出的教育方针为"学校应培养出德、智、体全面发展的高素质人才"。何谓"高素质人才"？可理解为具有一定理论功底，拥有较强的动手能力，全面迅速解决实际问题的人。而对于物理这样以实验为基础的自然学科，这三方面的能力更是缺一不可，很难想象对物理学毫无兴趣的人能够在以上三个方面有所提高，别说搞科学理论研究，就是让他解决生活中遇到的实际问题都很困难，而这类人必然会被社会所淘汰。只有正确地引导学生，使学生对所学知识产生浓厚的兴趣，增强其求知欲和探究欲，并且刻苦钻研，从而真正领会学科的真谛，活学活用，最终成为对社会"有用的高素质人才"。联合国科教文组织曾经指出："21 世纪的文盲不是没有知识的人，而是不懂得应该怎样学习的人。"中学新课标中也明确指出，要让学生由"学会"转变为"会学"；而"会学"的前提是要让学生对这门学科感兴趣。兴趣不是与生俱来的，而是通过后天培养得来的，只要进行恰如其分的引导，任何学生都会对物理学产生浓厚的兴趣，而不存"文科生"与"理科生"的区别，因为文科学生也必须掌握一定的物理学知识。因此在初中物理教学中对学生进行物理学科兴趣培养，不仅能使学生顺利完成学业，进入高等院校接受高层次教育，也是实现"使学生最终成为合格的高素质人才"这一目标的客观要求。

3. "兴趣物理"实施的现状。

素质教育的口号已提出多年，目前我国现行教育体制改革也在稳步推进，这从历年来高考、中考的试题类型和考试模式发生的变化可见一斑，但要实现真正意义上的应试教育向素质教育的彻底转变尚待一段时间。在中学尤其是高中，学生面临的升学的压力很大，加之初中物理知识难度也较大，因此学生遇到困难是难免的事，但如果困难不及早解决，学生就很容易产生厌学情绪，而导致学习的失败。而兴趣正是促使学生克服困难，化学习压力为动力的良药，因此"兴趣物理"教学就理所当然地成为了学生顺利完成学业并最终成才的必要保障，同时也就成了当前初中物理教学适应当前我国的教育体制由应试教育转为素质教育这段转型的最好教育手段。

二、针对中学生的特点，正确应用"兴趣物理"教学法

1. 当今中学生的学习特点

中学生正处于世界观、人生观和价值观逐渐形成的关键时期，在这一时期学生的思维活跃，情感丰富，求知欲强，对问题有自己的见解。在这一时期，学生对于新事物很容易感兴趣，同时也很容易接受，但是由于学生的心智

发育尚不健全，因此自我控制能力相对比较薄弱，在遇到困难时容易产生畏难情绪而退缩。除此之外，在学习过程中获得收获时，能对取得进步的学科产生浓厚的兴趣并增加其自信心，但若遇到挫折，也可使其自信心受到损害，从此对该学科的学习变得不自信，以致严重影响今后的学习。因此在对中学生进行物理知识传授的过程中应根据中学生的学习特点正确运用"兴趣物理"教学法，使其真正发挥作用。

2. 对物理老师正确运用"兴趣物理"教学手段提出的几点建议

（1）教师要从创设情境入手，着眼于培养学生的学习兴趣

物理教师要在课堂教学的过程中，有意识地创设情境，通过提出一些与课文有关的富有启发性的问题，将学生引入情境之中，尤其是在讲授物理新课的时候。需要指出的是：教师举出的例子最好是在生活中司空见惯而又不容易引起人们注意和思索的例子，例如，在讲解"浮力的应用"一节时，老师可以用对比的方法：为什么一块质量只有 1kg 的铁块不能浮在水面上，而质量高达几千吨的航空母舰却能在海上航行？类似于这样的问题一经提出，就会在学生的脑海中引起思考——平时那么熟悉的现象为什么我就没有想到呢？是什么原因造成这种现象呢？让学生在大脑中多问几个"为什么"是激发学生学习兴趣的最好方法。另

外，物理教师要尽量向学生介绍所学物理知识在现实生活的应用，要让学生了解自己所学的知识在现实生活中是有用的，是与我们的生活密切相关的，而不仅仅是书本中空洞乏味的理论、教条。如里能够向学生找到这些物理知识在现代生活中的最新应用是最好不过的。因为根据教育心理学的理论：符合人类需要和新奇的事物容易引起学生的兴趣，老师切不可认为应用举例会耽误正课的时间而少举例更不能认为应用举例，高考不考而不举例，这样做将不利于学生兴趣的培养。

当然"兴趣物理"教学法在培养学生对物理的兴趣的同时也给物理教师提出了更高的要求。就拿应用举例来说，它要求物理老师具有丰富的常识，要广闻博览，举出的例子要准确无误，因此，它无疑是对物理老师的综合素质的一次全面的检验。

（2）教师要尽量以实验激发学生对物理学的兴趣

物理是一门以实验为基础的自然科学，一切物理理论都来源于物理实验，理论是对实验现象的正确解释，没有实验就没有物理。现今的中学物理教学对于物理实验可以说不是十分的重视，老师上新课一般不做演示实验而直接进入理论的讲解，只有到了每章章节结束才让学生做学生实验。

实验能够激发学生浓厚的学习兴趣，同时也是培养学生创新精神和研究精神的重要手段和途径。而现今的物理教育教学方法使学生动手能力严重削弱，学生的想象力遭到了无情的扼杀，这不利于人才的培养。因此，必须尽快改变中学物理教学的现状，让物理实验重新回到课堂。

课堂物理实验是以最简单，现象最明显，实验最容易成功为最佳。这样不仅可以让学生观察到物理现象，让学生亲自动手做一做，同时还能节约时间。以惯性现象为例，老师只需要一张小纸条，一个笔套。

（3）在课堂教学中采取灵活多样的教学方法，最大限度地调动学生的积极性

避免"说教式"的教学，"以学生为主体，以学生为中心"是现行教学大纲的要求，老师在课堂上只是起引导的作用。在具体的教学过程中，老师可以采用实验法、讨论法、调查法等方法进行教学，甚至允许学生在课堂上争论，正所谓"真理越辩越明"，只要老师加以正确引导，不愁学生不上正道。

心理学中曾提出：兴趣分为直接兴趣和间接兴趣两种。直接兴趣是有意义的事物本身在情绪上引人入胜而引起的，具有暂时性的特点；间接兴趣是指对某种事物活动本身没有兴趣，但对其结果产生的兴趣，具有较稳定的特点。因此"兴趣物理"教学中提到的"兴趣"，必须是直接兴趣和间接兴趣双方面的培养。尤其是学生在学习中遇到困难时，间接兴趣会起到主要作用，让学生渡过这一"困难时期"，顺利完成学业。

初中物理教学中的误区之探究

为了得到中考高分，一般的教学都不得不围绕中考的指挥棒转。而新课程标准倡导探究性学习，它对于激发学生学习兴趣，培养学生创造性思维，全面实施素质教育具有重要作用。但在教学实际中，对探究性教学的理解与认识有各种各样的"误区"。

误区一：探究方法要贯穿在每节课中。

探究性学习是一种让学生理解科学知识的重要方式，但并非是唯一的方式。课堂中有效的学习要依靠多种不同的教学方法，所有的物理知识都只用一种方式是低效的。在选择具体的教学方法时，一个比较明智的做法是根据物理教学大纲，将教学内容、教学目标、教学方法有机地结合起来考虑。如果只要求学生掌握某个结论，那么讲授法也许就能达到目的。例如：在学完欧姆定律后，对串、并联电路的电流、电压、电阻的关系，可以通过画电路图直接讲授，引导学生掌握串联"分压"、并联"分流"的规律。如果必须要学生了解过程和方法，以便更好地掌握概念、规律等，那么教师需要设计一个"探究过程"，例如：

对"熔点与沸点"的科学探究，通过加热碎冰及加热水的实验探究过程，使学生能初步认识到水有固、液、气三种状态，而且在一定条件下可以相互转化。让学生在实验探究中掌握科学探究的过程，学习科学家的科学探究方法，使学生经历从物理现象和实验中归纳科学规律的过程，体验科学探究的乐趣。如果是了解性知识，教学方法就应力求灵活生动。例如，对"能源与社会"的学习，可以采用举办小型报告会的方式让学生讨论"能源的利用与保护"等问题，让学生认识到在能源的利用与开发在推动社会进步的同时，带来了能源的危机，也造成了对环境的污染和生态的破坏，学会辩证地思考问题，学会关注自然，关注社会。总之，具体选择哪种教学方法或哪几种教学方法的组合，关键看想要达到什么目的。

误区二：答案不能直接揭示，要"曲线救国"。

不少教师以为，要体现课改理念，教师就不能直接将答案告诉学生，而应该由学生自己经过"探究"来得到答案。其实，没有必要也没有可能让学生自己通过探究来获取所有的知识。例如，对"摩擦力"的学习，在各种猜想均列出之后，然后确定两个猜想让大家在课堂内进行实验探讨。对此，教师可以向同学们指出，摩擦力并不是看起来那样简单，其产生机理和制约因素都很复杂，对摩擦的研究已形成一门系统的学科"摩擦学"，其中一些问题至今仍在探索中。在初中阶段，我们只对课本上安排的两个问题进行实验探究。探究活动需要花费较多的时间，这也是大多数教师热衷于讲授的原因之一，因为讲授式的教学，可最快捷地将重要事实、概念和相关的思路呈现给学生，其教学效率有时是很高的。

误区三：学生自由探究的氛围要浓厚。

学生对任意一个课题自由地或自发地进行探究并得出有意义的结论，这种可能性通常不是太大的，不是所有的自由探究活动都能达到预期的效果。如果教师希望学生开展真正的探究并有所收获，就要为学生设计有利于其发展的情境和过程，并要引导探究活动朝向一个明确的方向。教师应通过设置适当的活动与任务，使学生投入到真实的情境中去，在探究过程中逐步学习知识，掌握科学的思维方法，养成对物理学知识学习的积极态度。例如，在探究光的反射定律时，我设置了三个学习任务。

1. 阅读教材：

了解入射光线、反射光线、法线、入射点、入射角、反射角和反射面 7 个概念。

2. 实验探究光的反射定律：

（1）探究反射光线、入射光线和法线是否在同一平面上。

（2）观察反射光线、入射光线和法线的排列关系。

（3）研究反射角和入射角的大小关系。

（4）归纳实验结论。

3. 问题与反思：

（1）研究光的反射定律是研究哪些因素之间的关系？研究它们之间的什么关系？

（2）在光的反射定律的描述中，为什么说反射角等于入射角，而不说入射角等于反射角？

（3）对"反射光线和入射光线分居法线两侧"这条结论，你有什么看法？

（4）定律中如果不研究三线共面，会有什么影响？

（5）反射光线、入射光线和法线所在的平面与反射面是什么关系？

（6）法线并不是实际存在的一条线，在实验探究中为什么要引入法线？

（7）你还有什么问题和发现？

通过上述设计，学生思维越活跃，学习兴趣越浓厚，在基本认识形成后，为了引领学生参与深层次认知活动，再设计一些整体反思性问题，这是一节课的核心内容，目的是引领学生发散思维，多角度、深层次思考问题，培养学生的问题意识，问题与反思的设计是开放性的，教师组织学生论答，其结论也应该是开放的，学生的论答只要科学合理，就应当鼓励学生积极发表见解，在探究的过程中，教师一直是学生学习的引导者、促进者，教师应有效地引导学生让其承担更多的责任，最终学会自主进行探索。

让物理课堂变得多姿多彩的方法探究

一提到物理这一学科，大家的兴趣就马上与实验挂上勾了，而现今的物理教材中丰富多采的教学内容和教材编写形式，让师生突破学科本位，软化学科界限，强化学科渗透，构建了许多生动而鲜活的课堂。

一、物理课上做游戏

在学习"双耳效应"这一内容时，引导同学们做了这样的游戏。先让一位同学站到黑板前，并且面向黑板，然后，把一个正在发声的手机在同学们中间传来传去，老师一声令下"停"，再让这位同学猜手机在谁的手里，这位同学当然是轻而易举地猜对了，他十分高兴。还是这位同学，让他把自己的一只耳朵堵塞起来，同样把正在发声的手机在同学们中间传递，再让他判断手机的位置。游戏开始前，老师跟全班的同学打手势用哑语约定：如果他判断错了，我们给他热烈的掌声（当然不会猜对）。大家都心领神会。

老师又一声令下"开始""停"这位同学信心十足地判断错了，全班同学给他热烈的掌声。他高兴地跳起来了，但转过身来看手机时，却大出意外，"分明听得十分清晰，确实是那个方位呀，难道我的耳朵出问题了？"那位同学辩驳道。然而事实胜于雄辩。游戏结束了，探究开始了。

在学习声音的传播时，提问：声可以在液体中传播吗？有同学猜想可以，有同学猜想不行，谁对谁非呢？游戏开始：把一个正在响铃的手机用塑料袋包上一层又一层，然后用细线缠好，我们可以听到它的声音，这声音是从空中传来的，当我们把手机放到水中时，仍然可以听到手机清晰的声音，只是声音小些了。这充分说明：声音可以在水中传播。同学们心服口服。

他们在游戏中感受到了快乐！

二、物理课上听音乐

在学习"声音的产生与传播"这一内容时，老师课前准备好了收录机和一个泡沫娃娃。上课时，老师把收录机横卧在讲台上，喇叭朝上，并放起了同学们最喜欢听的《足球之夜》的音乐，然后把泡沫娃娃放在收录机的喇叭上，娃娃竟然随着音乐的韵律和节奏跳起舞来！同学们也情不自禁地打起拍子，课堂一下子"沸腾"了。随着"娃娃为什么会跳舞"的提问，同学们迅速进入"声音是怎样产生"的探究过程。

在学习"声音的特性"这一内容时，师生一起开了一个小小的音乐会：有的同学带来了二胡，有的同学带来了小提琴，有的同学带来了笛子，有的同学自制了三弦琴，分别演奏自己喜欢的曲子。当师生用自制的水瓶琴演奏乐曲时，音乐会掀起了高潮。首先，老师一边向高脚杯倒水，一边用筷子敲打酒杯，直到有"1"这个音阶为止。声音从轻脆逐渐变到深沉。依次重复地试验，终于能听出"1、2、3、4、5、6、7"七个音。音阶形成后，老师给同学们敲击了几首曲子。大家闭上眼睛听旋律时，竟能分辨出《小星星》《粉刷匠》《卖报歌》《两只老虎》和《春天在哪里》等儿歌。实验非常成功。同学们一个个手舞足蹈，不约而同地跟随着唱起来，每唱完一首曲子都为自己鼓掌。歌声和欢笑声汇成一片，传出教室，传到校园的上空。

他们在歌声中陶冶了情操！

三、物理课上学成语

学完"声现象"一章的内容后，师生上了一次别开生面的互动复习课——用汉语成语来描述声音的特性：音调、响度和音色。许凌霄同学在成长档案中是这样描述的。

物理课开始了。我估计朱老师今天会带我们复习第一章——声现象。可是刚刚开始，朱老师就提了一个问题："声音响度特大时用个什么成语来形容呢？"

"什么成语？"全班同学面面相觑，这可是物理课呀！提成语干嘛？我一时也没回过神来。

"震耳欲聋！"肖木伸快嘴快舌。他反应总是最快速的。

"答对了，加10分！"朱老师模仿着电视主持人王小丫的语调，

"还能用什么成语来形容呢？"

哦——原来是这样，不少同学恍然大悟。

"如雷贯耳""掩耳盗铃""响彻云霄""人声鼎沸"，好几个同学在抢着说。

"好！这几个成语都是在形容声音的响度大，那么有没有形容声音的响度小的成语呢？"

同学们争先恐后地说出了很多成语，老师一一写在黑板上。如：掩耳盗铃、窃窃私语、珠圆玉润、震耳欲聋、鸦雀无声、河东狮吼、人声鼎沸、响彻云霄、如雷贯耳、一锤定音、山崩地裂、震天动地、惊天动地、鹦鹉学舌等。然后，老师又引导同学们将以上成语按照声音的音调、响度和音色进行了分类。

好似语文课的物理课，不仅让同学们明白了声音的特性，而且理解了不少描摹声音的成语，一举两得，事半功倍。

他们在交流中增长了知识！

四、物理课上学画画

在学习"颜色"这一知识时，教师请一位小学学过美术的同学带来颜料和画笔。他先在调色盘里调合好品红、青、黄三单色，然后在事先准备好贴在黑板上的大白纸上分别用三单色颜料写上"大家好"三个字。然后再在调色盘上将品红色、黄色和青色按一定比例调合，当黄色与品红色的颜料混合时，得到了红色；品红和青色颜料混合时，得到了蓝色；当青色和黄色颜料混合时得到绿色，当品红色、青色和黄色三种颜料混在一起时，结果得到了黑色。用黑色在白纸上写下"有趣的物理"五个大字，白纸黑字、清晰可见。三原色的调合出现黑色，这让大家意想不到，且留下了深刻的印象。

总之，学习物理需要教师大胆创新，把课堂变得丰富多彩，学生学习物理的兴趣自然而然就提高上来了，成绩也就不言而喻了。

激励学生学习兴趣的"小窍门"

"好的开始是成功的一半""兴趣是最好的老师",这些都是强调兴趣在学习中的重要性。可见提升学生的学习兴趣,激励学生学习是开发和利用课程资源的重要途径与手段,教学中激励学生显得尤为重要。

一、激励机制的运用

很多教师习惯用名人名言来激励学生克服困难,勤奋学习。如"书山有路勤为径,学海无涯苦作舟""千里之行,始于足下"等。这些话语无不充满丰富的哲理,催人奋进。但被激励者由于思想和知识基础不同,可能觉得内容空洞而很难接受。笔者认为,对学生的激励应于大处着眼,小处着手,让激励在具体和细微中升华。

学生在家里做了一个液化的课外实验,将几滴酒精滴入一只薄塑料袋里,把口扎好,压扁,然后放入盛有沸水的电饭锅中。奇特的现象出现了:塑料袋突然鼓胀得大大的，像一个大气球似的。此时学生高兴不已，迫不及待地给老师打来电话："老师，实验成功了！塑料袋变成了一个大气球。"从语音语调中感受到了她的喜悦与激动。老师也情不自禁地回答说："你已经体验到了成功的快乐，好像阿基米德发明了判别皇冠真假的方法一样，老师祝贺你！"此时此刻，一个小小的实验让师生分享着无尽的快乐。

在学习"光的折射"这一内容时，教师引导学生按物理课程标准的要求，定性地探讨了光的折射规律，即入射角变大时，折射角也跟着变大。绝大多数同学理解并牢固掌握了这一知识。然而，有同学提出一个问题：入射角变大时，折射角究竟按什么规律变大呢？教师由这位同学的提问引起了思考，这不是随便能提出来的"小问题"，这是学生深思熟虑才能提出的有一定高度的问题，他不满足定性的了解，而追求定量的答案。老师面带微笑地答道：虽然因现有的知识水平我无法直接告诉你答案，但我可以告诉你，你通过努力一定能找到答案，因为你具备科学家勇于探究的科学精神！简短的话语，让学生在高中教材上找到了答案，激励得到了升华。

在课间的师生对话中，教师总是低下头，弯下腰，拍着学生的肩膀与学生交心谈心。学生在课堂上正确回答出老师的提问时，老师总是毫不犹豫地翘起大拇指或做着鼓掌的动作。每一次眼神的接触，每一次身体的靠近，每一次微笑，每一个细微的手势，学生都能从中寻找到信心和胆量。这里虽没有豪言壮语，但朴素而简短的激励，却在具体和细微中得到了升华，且在很大程度上改变着学生。

二、激励方法实施的门道

新的教学理念告诉我们，教师必须尊重学生人格，尊重学生兴趣爱好、个性特征、个人意愿等。在教育学生的同时要突出以人为本的思想，切忌把学生批评得体无完肤。笔者认为激励是靠尊重和赞赏来完成的。

有这样一位学生：学习态度不端正，但学习成绩不算差。分析其原因，他的接受能力特别强，因此，上课集中注意力听讲的时间不多，有时还不完成作业。对这样的学生，笔者不是采取歧视的态度，而是在尊重其个性特征和个人意愿的基础上予以赞赏。在一次测验试卷上这样写道："你竟然能在不完成作业的情况下得 79 分，实在是聪明过人！我相信，你会找到适合你自己的学习方法，你会走出低谷，走向成功！"这位同学虽然有时还是完不成作业，但他的学习成绩却有所提高，

一位同学成绩直线下降，教师不经意地发现这位同学抽屉里放着不少晨报、晚报、体育报，原来他是深深地被"世界杯足球赛"迷上了。与他简短交流，得知他对哪些球队已打包回家，哪个球星玩了"帽子戏法"，哪支球队被哪

个国家的裁判亮了两次红牌，哪支球队靠"金球"进入四强，等等，这些情况烂熟于心、滔滔不绝。回家后更是泡在电视前。针对这一情况，教师先肯定了他的兴趣爱好，且让他为全班同学们介绍了世界杯足球赛的近况。然后帮助他分析，如何摆正学习和看球赛的关系，并激励他：到2008年北京奥运会时，你应是北京某高校大二的学生了，那个时候别忘了帮老师买张足球赛的门票哟！从此，这位同学又找到了过去学物理的良好感觉。

这里没有打骂，没有恐吓，有尊重和赞赏。正如爱因斯坦所说的："我认为学校凭借恐吓、压力和权威来管理学生是一件最坏的事，它破坏了学生深挚的感情和真诚、自信，它养成学生驯服的性格。"激励正是靠尊重和赞赏来完成的。

三、激励＝机智＋幽默

机智而幽默的激励，让学生心存感激，并充满信心。正如苏联教育家乌申斯基所说："不论教育者怎样地研究教育理论，如果他没有教育机智，他就不可能成为一个优秀的教育实践者。"

学完"简单机械"一章后，教师让一位成绩不算差的学生到黑板上画滑轮组的绕线，学生出乎意料地画出了完全不合题意的"写意画",同学们看了啼笑皆非。教师压抑着自己的感情并没有批评这位同学,反而转换角度机智且幽默地念道:"现在公布少儿漫画创作一等奖的名单!"全班轰堂大笑,他自己也笑了。因为他心中有数,这幅"漫画作品"完全是自己的创意和想象,上课根本没认真听讲。然后,教师引导全班同学对这幅"漫画作品"进行了剖析,让更多的同学从中吸取教训,从而掌握滑轮组绳子的绕法。他也因同学们细致入微的校正牢固地掌握了这一知识点。

也就是说,激励赏识是激发学生"买老师账"的重要手段,只有学生买老师的帐,才能有兴趣学好你的学科,从而提高教师的教学质量,提高学生的学习成绩。

初中物理小小教学反思的大作用

孔子云"吾日三省吾身",换言之就是要多反思！其实在教学中，也应该多反思自己的教学，可以说，小小的教学反思在现实的教学中起着大大的作用！我国当前进行的新一轮基础教育课程改革以全新的教育理念对课程与教学内容体系进行了重大改革和调整。这对广大中小学教师而言，无疑提出了较高的要求和面临着崭新的挑战，教师应如何有效提升自身素质以应对课改需要已成为迫在眉睫之事。不少研究者提出：应增强中小学教师的反思意识和反思能力，实施反思性教学是有效实现新课程目标的重要保障。那么，教师究竟应反思些什么内容，如何反思才能起到促进专业发展的真正作用呢？教师应如何做才能将理论层面的"反思"付诸实践，切实转化为实际行动呢？围绕上述问题，本文拟就教学反思的涵义、教学反思的主要方法及进行教学反思的主客观条件等问题做一探讨。

一、教学反思的内涵

"反思"的理解来源于哲学的思维方式。黑格尔赋予了"反思"以较为深刻的内涵和规定，此后马克思又进行了丰富和发展。黑格尔认为反思是一种事后思维，它更倾向于跟随在事实后面的反复思考，其主要任务就是通过现象把握事物的本质和根据。此后，马克思从社会实践的角度，认为反思思维也是社会实践的思维。这样，反思就包含了人在社会实践活动中的主体能动性。

事实上，反思一词本身就含有"反省""内省"之义，从本质上来说就是一种批判性思维，即通过对当前认识的审视、分析来洞察其本质。这一点正是"反思"与一般的"思考"间的主要区别。

具体对教师而言，进行教学反思主要是指教师以自己的教学活动过程为思考对象，对自己所作出的某种教学行为、决策以及由此所产生的结果进行审视和分析的活动，这也是一种通过提高教师自我觉察水平来促进教学监控能力发展，提升教师专业素质的重要手段和途径。

尤其需要注意的是，这里所说的"反思"与通常所说的工作之余进行的简单、随机的"想一下"的内省活动或者独处放松时静坐冥想式的反思不同，它不是模糊的、偶尔为之的、片断的，而是需要教师认真努力进行思考的，而且需要有一定的目的性和系统性，甚至需要有一定的深刻性和批判性，有时也需要教师之间合作进行。此外，教学反思并不单纯是教学经验的总结，它是伴随整个教学过程的监视、分析和解决问题的活动。有研究者从教学的基本流程的角度出发，将教学反思大致分为如下三类。

1. 教学前反思。教师在课前思考如何组织教材以呈现给学生，课堂中应重视的内容，等等。

2. 教学中的反思。教师面对课堂上突发的问题，思考如何应对使得事先设计的课程能如期完成。

3. 教学后的思考。在一堂课或一个阶段的课上完后，对自己已经上过的课的情况进行回顾和评价。如：思考本节课原先预定的目标是否达成，如何改善原先的教法，如何进行下次教学的准备，等等。

而且，由于教师个体的自我意识和教学活动的复杂性，教师的教学反思往往会受其知识、观念、动机、情绪、情感等个人因素的影响，另外，环境因素对教师反思也有比较明显的影响，因此，教师的教学反思也具有多样化、个性化的表现。

二、教学反思的意义

国内外的相关研究已表明，教师在反思自身教学经验、技能、活动及教学观念，评估教学行为的同时，可激发起其专业方面的创新意识。具体来说，教师进行教学反思在促进自身专业发展，提升自身教学素质方面主要有以下几方面的作用。

首先，进行教学反思能够充分激发教师的教学积极性和创造性，并为其专业发展提供机会和条件。

教学反思鼓励教师通过多种策略和方法审视、分析自身的教育观念及教学活动，充分尊重了教师的主体地位，发挥了教师的能动性、积极性和创造性。教师在教学实践中，可以通过写教学日记、描述——解释自己的教学活动、观摩——分析教学事件、主动征求同事及学生意见和建议等多种方式反思自己的教学实践，这实际上为提升教师的专业自主权，促进教师的专业发展提供了更多的可能性。

其次，进行教学反思有助于教师逐步培养和发展自己对教学实践的判断、思考和分析能力，从而为进一步深化自己的实践性知识，直至形成比较系统的教育教学理论。

三、教学反思的方式

教师的知识一般可以分为三大类：本体性知识、条件性知识、实践性知识。对一个受过高等教育的教师来说，本体性知识与条件性知识并不是太缺乏，但实践性知识则显得较为薄弱，而这类知识更多的是来自教师的教育实践，具有明显的经验性的成分，是教师经验的累积。有效的教学反思，可以帮助教师将教育教学的理论知识、实践经验进一步内化，并逐步条理化、系统化，直至教师对教学活动形成比较深刻的认识和理解。换言之，进行教学反思有助于教师立足于教学实践，深入地钻研、体会教学理论，从而不断提高自身专业素质和能力。

1. 教师自我反思：如果每堂课后，教师都能静下心来对照大纲琢磨这堂课的得失，并把"得"延续，把"失"改进，教学质量何愁不提升？

2. 师生共同反思：每堂课后都要求有小结，这小结就是反思回顾，而为了加深印象，师生共同进行，效果会更好，也可以看成是当堂的反思，这样师生共同进步，反思更有意义。

可见小细节成就大事业不假！小小的教学反思也有着大大的作用！

物理课本中的活动探究要
注意自然性之我见

物理课程标准（实验稿）明确指出：物理课程应改变过分强调知识传承的倾向，让学生经历科学探究过程，学习科学研究方法，培养学生的探索精神、实践能力和创新意识。

在这一理念的指引下，我们的课堂正在发生着质的变化，对科学探究的认识与理解正在我们的课堂中逐步得到体现，这种变化正昭示了科学探究的生命力。然而，在不少课堂中，由于教师急于培养学生科学探究的能力，所以不管什么教学内容都往探究的模式上套，过于强调学生的自主性、探究过程的完整性和探究要素的齐备性，使得原本应该充满活力的探究式教学变得有些生硬，这一点应该引起我们的思考。科学探究也应从教材和学生的实际出发，顺其自然地展开，这是课堂探究活动取得实效的有力保证。下面本文着重从科学探究的三个主要环节谈一谈自己的几点体会。

一、活动探究内容的选择要注意不刻意性

虽然探究式教学是我们提倡的主要教学方式，面对众多的物理概念、规律，是否每一个内容都要学生进行探究？这显然是不必要的。那么，哪些内容该让学生探究、适合学生探究？主要根据"什么样的内容更值得重新发现、探究"，其中重要一条是考察内容中的含金量——具有方法和方法论意义的大小。只有那些具有重要方法和方法论意义的内容才值得去重新发现、探究。一般而言，任何一种客观事物及规律，都具有方法的意义，但意义的大小不同。事物性内容与原理性内容相比较，后者的方法价值更大，如牛顿第一定律、用累积法测铜丝直径、研究平面镜成像、研究密度是物质的一种属性、影响液体蒸发快慢的因素、研究决定导体电阻大小的因素，等等，都具有较高的方法和方法论上的意义，值得让学生去探究。其次是对一些主干性、基础性的内容，如串、并联电路的电流、电压规律、液体内部的压强、欧姆定律等也值得考虑。再有是一些能有效地激发学生对自然科学好奇心的问题，如光的传播、声音的发生、浮力、电磁感应现象等，也应加以考虑。

二、活动探究要素的选择注意问题的自然性

科学探究的基本过程是：①提出问题；②作出假设；③制定计划；④使用工具和搜集证据；⑤处理数据和解释问题；⑥表达与交流；等等。一堂课仅 40 分钟，要涉及所有探究要素是很难的，特别是在开始实施阶段，让学生自主完成完整的六个探究要素更是不现实的。如何确定课堂探究活动要素的组合，主要应根据探究的是什么问题、在这一问题中各要素体现的价值（必要性）、难易程度以及时间来决定。学生对科学探究的学习也要有一个过程，应遵循循序渐进的原则，先着重培养学生的一种探究意识，让学生学会观察，能发现问题、提出问题，进行大胆猜想，尝试解决问题（提出解决问题的设想），在教师的帮助、引导、示范下感受科学探究的过程。然后逐渐向更规范、更完整的科学探究层次发展，所探究的问题也宜由浅入深，由简单到复杂。

比如，在"光的折射"教学中，老师通过演示实验，引导学生总结出：折射光线、入射光线和法线在同一平面内，折射光线、入射光线分居在法线两侧。老师问："光发生反射时反射角等于入射角，光发生折射时，折射角与入射还相等吗？如果不相等，那么哪个角更大？请各小组做

出猜测，并用实验验证。"各小组选择器材，进行实验探究，老师汇总各小组的实验结果，引导学生归纳结论，各小组根据正确的结论修正自己的假设。在这堂课中，总结和提问需在老师的指导下完成，学生所经历的科学探究过程主要是③④⑤⑥。

三、猜想与假设要顾及学生的学习兴趣

一次公开课中观摩到的一段教学实录。

师：液体蒸发的快慢与哪些因素有关？

生甲：可能与液体表面空气流动的快慢有关。

生乙：可能还与空气的湿度有关。

生丙：还可能与液体的温度有关。

师：还与其它因素有关吗？

（学生一时之间都想不到。）

师：同学想不到是吧。那我们来看两段录像。（启发）

多媒体演示：1. 理发师用电吹风帮一个顾客吹头发；2. 一个人用拖把将地上的积水拖开。

在多媒体的帮助及教师的引导下，学生终于说出：还可能与液体的表面积有关。

师：同学们的猜想都很好。因为时间关系，我们今天选其中的几个因素来研究。

……

其实，活动探究课很有挖头，只要我们静下心来潜心摸索，不断探究，方法得当，学习的学习兴趣何苦不变大？

如何让物理实验教学不再是纸上谈兵

陆游的《冬夜读书未子聿》相信大家都耳熟能详"纸上得来终觉浅，绝知此事要躬行"，其实在物理教学中，这句诗也能给我们以启示，让我们在物理教学中尤其是实验教学有个借鉴。

实验是物理教学中的重要手段。本文从演示实验、学生实验和课外实验三个方面阐述了在物理教学中充分运用实验手段的目的、意义和方法。

物理学是一门以实验为基础的学科，实验也是物理学研究中的主要方法，在物理教学中，实验也应该是使学生提高学习兴趣、建立基本概念、培养科技精神的一个重要手段。作为一名物理教师，在教学的全过程中要贯穿实验这一条主线，要想达到这一目标，必须把握好"演示实验""学生实验"和"课外实验"这三个关键环节。

一、演示实验要做到"精、真、显"

演示实验是指为配合教学内容而由教师操作示范的实验。它能化抽象为具体，化枯燥为生动，把要研究的物理现象清楚地展示在学生面前，引导学生观察思考并使之正确认识物理事实，帮助其更好地掌握物理概念和规律。只有教师擅舞实验这一"剑器"，学生才能如吴人张旭"数常于邺县见公孙大娘舞《西河剑器》，自此草书长进"。

1. 演示实验要精心准备

要做好演示实验，就要在选题、仪器、教案、教法等各个方面进行充分准备。在选题上，要将教材中提供的演示实验作为首选，但对于这些实验并非要个个都做，也并非每一个都必须照搬教材。关键是要结合实际，最大限度地达到理解掌握知识的目的。在仪器上，要在课前认真检查实验所需仪器的性能，必要时可以先做一遍实验，确保仪器的完好。检查后要将仪器归类放好，以便以后实验所需。在备课上，教师要对教材进行认真分析，对实验的目的、过程和可能出现的问题进行认真的思考，切忌照本宣科，为实验而实验。在教法上，教师要对授课内容有整体把握，对何时进行实验，在实验中怎样引导学生归纳规律这些问题要在课前考虑清楚。实验只是为使学生更好地接受物理知识的一个手段，绝不能只满足了学生的好奇心却失去了实验的应有效果。

2. 演示实验要真实可靠

物理教学的本身就要培养学生严谨求实的作风，教师在演示实验的过程中也必须保证过程的真实性和结论的可靠性。

一是要尽可能保证实验的成功。教师的演示是为讲述物理规律而采取的一种直观教学手段，人的认识规律是从感性到理性的，第一印象十分重要。如果一次或数次实验失败，则可能使学生产生对此规律真实性的怀疑，对教学带来不利影响。要保证实验成功，除了在课前充分准备外，还要求教师有较浓厚的理论功底和较刻苦的钻研精神。例如大家认为静电实验的成功率较低，其实认真找一下问题的症结不难发现，关键在于静电的电压高但电量少。因为电压高，通常所说的绝缘体在高压下变成了导体；因为电量少，电荷容易消耗。从原理上分析透了，我们就可以发现只要对仪器进行简单的改进就行了。

二是要正确处理实验中出现的问题。俗话说"不怕一万，就怕万一"，由于实验的过程受到环境、气候、心理、仪器等多方面的影响，所以再细致的准备也难免会出现意外。一旦实验中出现了问题，教师一忌忙乱，不进行思考就重新开始，极可能导致实验的再次失败；二忌简单托辞，如果简单地把失败归结于"仪器有毛病""实验本身现象就不明显"等托辞，这样可能会使学生对教师的能力和物理规律本身同时产生怀疑；三忌虚假，如果使用更改实验数据、改变实验条件的手段去勉强凑出结论，对学生更是有百害而无一利，只能是培养了学生弄虚作假的作风，这是和物理精神本身相违背的。所以教师对出现的问题要迅速地分析原因，找出错误的所在并向学生作出正确的解释，尔后重新开始实验直到得出正确的结论。对于课上不能找出失败原因的，教师更要把它作为存疑向学生说清楚，并在课后认真查找问题，必要时可进行教研室集体讨论，解决问题后要及时重新演示这一实验，并借机培养学生严谨的物理作风。

3. 演示实验要显明易见

演示实验的目的就是要使全体学生有直观的印象，并通过其建立正确的物理概念，所以必须显明易见。在教学中，对于现象不太明显的实验可以通过声、光、电等多种手段来放大实验的现象。比如在用螺旋测微计测量物体长度时，可以使用实物投影或采用多媒体手段把微小的刻度变化转化为人人可见的现象，使学生准确掌握仪器的使用方法。

二、学生实验要培养独立思考和解决问题的能力

学生实验是指学生在教师的指导下自己动手，通过亲自实践，验证物理规律、加深对教材理解的教学手段。学生亲自操作、观察、记录、分析和总结物理现象，是对知识的再认识、再学习和再提高。它能够加强学生对学习物理的兴趣，培养严谨的科学作风并提高他们的动手能力，是学习物理知识的一个重要环节。

三、课外实验要注意启发联系生活性

学生们对于物理实验仅停留在书本，这就会使物理教学脱离生活，违背了物理学科的实质意义，试问一个把物理中电路知识背得头头是道的学生，甚至在考试中电路知识内容得高分，而让他去给家里换个灯泡都不敢，那学这些知识又有何用？

虽然说，"演示实验"是物理实验中最关键的环节，但是切记实验不是单独为实验而实验，而是为生活而服务的。只有把握住这一要点，上好物理实验课就会事半功倍。

物理课堂教学要遵循"三不要"

长期以来受传统观念的影响，物理这一学科应该是活跃快乐的，可事实却是难"教"难"学"，这似乎成为一种普遍现象，并困扰着广大师生，制约着物理教学质量的提高和学生科学素质的培养。要扭转物理教学这种滞后物理学发展和社会需要的局面，笔者结合自己十多年的教学体会和教改实践，认为在物理课堂教学中应突出"三不要"。

一、不要言之无"物"

物理学是以观察和实验为基础的科学，物理概念的形成，规律、定律的获得都是建立在观察实验与科学思维相结合的基础之上，离开了观察实验与科学思维，物理学也就失去了存在和发展的前提，当然物理教学也就失去了根基，没有生命力。调查研究表明，学生在学习物理前和物理学习的起始阶段，对物理学习的兴趣和积极性都远大于其他学科，这正是由物理学科的特点所决定的。而随着时间的推移和学习的深入，学生对物理的兴趣逐渐降低、淡化，甚至于厌烦，更有的学生戏说物理是"无理"。问题表现在学生身上，但根本原因出在教师身上，出在教师的教学方法、教学方式、教学手段上，更出在教师的教学思想和教学观念上。教师常常以种种理由或借口，把物理教学局限于常规的说教的层面上（农村中学尤为普遍）。大纲、教材规定的演示实验和学生实验不能很有效地得以落实。教师以讲代演，学生以背代做，把本应是"做"的物理变成了"说"的物理，"背"的物理，造成物理空洞苦涩，抽象难学。要使物理教学生机勃勃，学生学习兴趣经久不衰，教学中就必须克服"言之无物、空洞说教"这一致命问题，教师要充分认识物理学科的特点，充分认识物理教学的特点，深入研究和把握学生学习物理的心理和认知特点，在课堂教学中把"物"放在第一位，通过实验展示物理现象和物理过程，揭示物理规律。教材中提供的演示和学生实验都要创造条件予以落实，并尽可能增加实验，同时鼓励学生设计和做一些小实验，力争做到堂堂有演示，节节有实验。要发扬"坛坛罐罐当仪器，拼拼凑凑做实验"的开拓创新精神，用物理学的思想和物理学家的科学精神指导我们的物理教学实践，把物理实验教学不仅作为物理教学的必要手段，更要作为物理教学的目标加以落实，让实验统率物理课堂，使物理课堂真正充实起来，活动起来。

二、不要喧宾夺"主"

传统的教学观认为教学是教师的工作、教师的职业，突出教师的作用和地位，强调教师的"教"，是以教师为"中心"展开教学活动的。现代教学观从辩证唯物主义出发，认为教学是"教"与"学"组成的对立统一体，"学"是教的出发点和落脚点，"教"是为了学，"教学"即"教师教学生学"，把学生的"学"放在首位。"学"是内因，"教"是外因，学生是"教学"的主体，教师、教材、教学手段等对学生来说都是客体、媒体。因此，在课堂教学中，教师的"教"要服务于学生的"学"，一切活动要围绕学生的"学"展开。教师要有"服务"意识，要做学生学习的引路人、导航者，做学生学习活动的合作者、促进者和组织者。切忌目中无"人"，喧宾夺"主"。要由过去在课堂上的独奏者转变为与学生同台的伴奏者，由"主演"转变为"导演"，由"讲师"转变为"导师"，由"一言堂"转变为"群言堂"。真正把学生推向教学阵地的前沿，真正突出学生的主体地位。为此，要从激发学生学习兴趣入手，着力在指导学生学习方法，鼓励学生自主学习，培养学生合作学习，提高学习能力上做文章、下功夫。要认真研究和运用启发式、讨论式教学法，教师要善于设疑、激疑，鼓励学生质疑、释疑，组织学生讨论、探究，指导学生主动获取信息和知识，而非是把学生当成知识的容器，使之被动接受知识。

三、不要脱离实际

物理知识来源于生活，生活、生产实际是物理学大厦的根基。学生的认知特点和规律也是建立在感性认识基础之上、经过思维加工再形成理性认识，从而获得物理知识，并经过与实践相结合而形成能力。生活、生产中的物理现象极为丰富。新物理教学大纲强调"在教学中要注意与学生生活实际相联系，帮助学生通过熟悉的现象理解所学的物理知识，知道物理知识在生活、生产和科学试验中的广泛应用……"。新物理课程标准确立的课程理念之一是"从生活走向物理，从物理走向社会"。而在实际教学中，不少教师缺乏对学生的了解，缺乏对生活、生产实际的研究和挖掘，不是照本宣科，就是所列现象与学生熟悉的实际相去甚远，学生感到茫然，也致使学生对物理知识在实际中的应用认识不充分，意义认识不深刻，纯粹为"考"而学。脱离实际是物理教学之大忌。物理教师要在新的课程理念的指导下，充分认识物理学科的特点，认真研究学生的认知特点和水平，研究学生对生活、生产实际了解的状况，从学生实际出发，从贴近学生生活实际出发，组织和引导学生列举、讨论物理现象，透视、揭示物理规律，归纳总结物理知识，并在课堂教学中渗透"STS"教育，以体现新的课程理念，激发学生的科学情感和学习物理的兴趣，也为树立科学的世界观奠定初步基础。

浅论投影仪和计算机在物理课堂
教学中的大用途

物理教学在所有学科中应该是最直观、最好玩的，要想把这一特征彰显出来，必须采取有效的措施。这就需要借助一些东西来完成。而就目前的教学手段来说，投影仪与计算机就是最合适的"人选"，他们能为物理的有趣课堂教学"增砖添瓦"。

一、实物投影

1. 运用实物投影可以展现物理现象，提高课堂教学效果。

很多演示实验，由于器材和条件所限，实验的可见度小，效果差。常常是前面的学生看门道，后面的学生看热闹。例如，演示实验"磁体周围有磁场"时过去我们的做法是，先把六个小磁针放在讲桌上围成一个圆圈状，中间放一个条形磁铁，观察小磁针南、北极的方向变化；但是，由于学生是坐在座位上，只有前排学生能看得清楚。由于磁针太小，就连前排的学生也很难看清楚，为了提高效果，教师不得不将实验送到学生面前巡回展示，白白浪费时间。采用实物投影仪后，我将磁铁和磁针全部放在投影仪上，整个现象清晰可见，即使坐在最后面的同学也能看得一清二楚，既提高了效果，还节省了时间。

2. 实物投影可以动态展现物理过程，使抽象的物理概念形象化，有助于学生理解。许多物理概念很抽象，有时候只用嘴巴很难和学生讲清楚，学生也无法想象出它的形成过程。运用实物投影可以生动形象地展现出来，启发学生思维，降低理解难度。例如，磁感线的概念，传统教学方法是，先在玻璃板上用磁铁和铁粉形成磁感线的形状，然后端给学生看，学生对其过程仍不清楚；运用实物投影仪后，我先将玻璃板放在投影仪上，打开投影，然后在玻璃板薄薄地撒上一些铁粉，接着，将磁铁放在玻璃板下面，学生很快看到磁铁附近的铁粉形成轮廓状排列，紧接着，我轻轻敲击玻璃板，学生很快看到玻璃板上所有铁粉都形成更有规律的排列，最后和同学们在黑板上描画铁粉排列的形状，便得到了磁感线。跟传统方法相比，概念的形成过程更清晰，学生掌握更快。

笔者在多年的教学过程中，总结了以下实验利用实物投影效果更好一些：振动的音叉激起的声波实验、压力的作用效果与压力和受力面积的关系、带电物体吸引轻小物体的性质、决定电阻大小的因素、电阻的串并联实验、电磁感应现象、通电螺线管的磁场实验，等等。使用投影仪做一些实验没有固定模式，总的指导思想是：我们能够借助一下投影手段放大一些微小的、不易观察的实验现象，使学生能够更清晰、更直观、形象地观察到用常规手段观察不清楚甚至观察不到的现象，并且还能激发学生的观察兴趣，调动学生观察的注意力，这样就达到了使用实物投影仪的目的。

3. 运用实物投影讲解例题和习题，加深对知识的理解，起到示范的作用。

例题和习题评讲是物理课堂教学的环节之一，运用实物投影组织课堂练习十分方便。在教学过程中，我要求学生每人准备好练习本，习题训练时，对典型练习要求学生做在练习本上，学生在答题过程中，教师巡回检查，从答得较好和犯有典型错误的答题中各抽取一至二本，投影在屏幕上，组织学生评议，纠正错误。通过实物投影，学生能够从错误的解法中加深对知识的理解，避免以后出现类似的错误。实物投影投出解题格式和解题过程比较规范的同学的做法，既给了这部分同学展现自我的机会，也为其他同学做到了示范的作用。

二、计算机助力

飞速发展的计算机技术在当今教育领域的应用是教育现代化的一个重要标志。计算机技术具有运用多种现代化手段对信息进行加工处理，显示与重放、模拟、仿真与动画技术的应用，可以使一些普通条件下无法实现或无法观察到的过程和现象生动而形象地显示出来，可大大增强学生对抽象事物与过程的理解与感受，使学生的课堂学习向多方式、多途径方向发展。用计算机进行教学能促进教师去进一步完善课堂教学，使教学过程更具有科学性，能帮助教师在课堂上更合理地掌握和使用时间，能吸引学生的注意力，使学生在课堂上接受和掌握更多的知识，是提高物理课堂教学效率的有效手段。而用计算机来辅助教学，能解决燃眉之急。

在讲授"音调、响度和音色"时，找不到各类乐器，怎么办呢？急中生智，想到了计算机。在网上搜集了各种乐器发出的声音，让学生听、分辨各种乐器发出不同的声音，引出音色的概念。学生掌握效果较好。

可见无论是直观的实物投影，还是计算机的先进科技，都会给物理教学带来崭新的学习方式，令学生爱上物理，爱上探究。

物理演示实验中需要遵循的原则

物理学科中必不可少的内容就是实验。而其中的演示实验是指为配合教学内容由教师操作表演示范的实验。它是深受学生欢迎的实验形式，是教师施展教学艺术的独特方法。它能化抽象为具体，化枯燥为生动，把要研究的物理现象清楚地展示在学生面前；能引导学生观察，并进行思考，配合讲授使学生认识物理概念和规律，达到"事半功倍"的效果。

要使演示实验真正达到演示目的，笔者认为必须做到以下几点：

一、目的要明确，不可随心所欲

物理教学中，演示实验是新课导入的重要方法之一。实验具有生动、直观、新奇的特点，容易激发学生的直觉兴趣。如能充分发挥实验的趣味性、奇异性、多变性，就能创造出生动的情景，使学生思维活跃。演示实验是用来配合教学的，应根据不同教学内容和要求，选择用合适的实验，合理地进行实验，以便让学生清楚地认清物理概念和规律。

例如，在讲授"平抛运动"这一节的内容时，我们可以选择的演示实验比较多，如抛出的粉笔头、桌上滚落的玻璃球、水流的喷射、平抛运动演示仪、闪光照相等。其目的就是让学生认识"平抛运动可以看做是水平方向的匀速直线运动和竖直方向的自由落体运动的合成"这一规律。我们无论利用哪种演示实验都应清楚地显示出演示内容的本质特征。当然实验时要增强实验的趣味性，更好地调动学生的思维积极性。再如，讲"摩擦力"这一节，我们可以用引导提示法指出我们要实验的问题和目的，如"摩擦力的大小与哪些因素有关系呢?"，为了研究这个问题，我们调整吊盘上的重物的重量，使木块在桌面上做匀速直线运动，这时绳子对木块的拉力就等于木块与桌面间的滑动摩擦力。然后在木块上加一个重物，增大木块与桌面间的压力，这时发现，必须增加吊盘上的重物，使拉力增大，木块才能做匀速运动。可见增大木块与桌面之间的压力，木块与桌面之间的滑动摩擦力也增大。学生就很自然地得出"两个物体间的滑动摩擦力 f 大小跟这两个物体之间的压力 N 大小成正比"的结论，即 $f=\mu N$。然后进一步得出动摩擦因数与两接触物体的材料和它们接触面的粗糙程度有关。整个实验目的性明确，环环紧扣，步步深入，学生必定会

有很强的感性认识，很清楚的认知思路，从而轻松地掌握
这节的内容。

　　演示实验切忌毫无目的，随心所欲。演示实验的是为
教学服务的，为的是在实验中发现规律，理解规律，从而
掌握规律。为实验而实验，没有目的性，只会使学生浮于
实验过程与表面现象，不知道老师为什么做实验，不知道
实验演示了什么规律，更谈不上自己去发现与探讨规律了。
对老师而言，这样的实验是"吃力不讨好"的事。

二、演示要直观，不可模糊不清

　　可以说演示实验的一切功能都不能离开观察，观察者
只能在演示者所给现象的基础上进行观察。因此，演示实
验的直观是最起码的要求，教师在设计演示实验时应注意
以下几点：

　　1. 物理现象的变化要显著。为了使现象明显，仪器的
尺寸要比较大，尤其是观察部分的尺寸要大、刻度线条要
粗，要使教室内最远的同学也能看清。这样做演示的精密
度虽有所降低，但可以用感受效果来弥补。必要时可以借
助投影、机械放大、光杠杆、放大电路等手段增强现象的
明显性，提高观察效果。另外，仪器摆放的位置，观察主
体与背景的色调对比等也会影响观察的效果。通常可采用

演示板、磁性黑板、染色、生烟、衬托背景、照明等方法来增强观察效果。

2. 物理过程的变化要显著。演示之所以要直观，就是为了能从实验中直接观察到物理过程，认识物理现象的本质，而不需要过多地拐弯抹角，受其他无关因素的干扰。特别是一些为建立、巩固物理概念的定性演示中，没有必要选择精密复杂的实验装置。例如，我们用椭圆墨水瓶演示微小形变现象，效果就比用复杂的光杆系统装置要好。又如，用旋转电枢（或磁铁）的方法演示电动机的原理就比搬一个真的电动机来做实验更能突出物理原理。

3. 要多种感官并用。有资料表明"在接受知识方面，单靠听觉一般只能记住 15% 左右；单靠视觉，从图像获得知识，只能记住 45% 左右；如果两者结合起来，可记住 65%"。因此，调动学生各部分感官的协调并用，比单一渠道要好。我们应该考虑学生的各种感官对信息的分辨能力，以强化有效刺激，促进学生对新知识、新规律的理解。例如，讲加速度时，学生视觉感受到加速度影响速度的变化可能不很明显，可以用多媒体课件来演示。演示时，速度的变化可以用音高变化来表示，学生听觉、视觉共同作用可能比单纯用视觉更直接。因而对速度变化率的概念也比较容易建立。

总而言之，演示实验在物理教学中占有举足轻重的地位，切不可掉以轻心，要明显直观地凸显它的作用。

初中物理实验教学的教师角色功能分析

摘　要: 在初中物理教学之中，实验教学占据着十分重要的地位，教师通过实验教学能够有效培养学生的探究能力和动手能力，让学生对物理知识的学习产生浓烈的兴趣。本文主要从不同类型的实验教学展开对教师角色功能的探讨，希望能够为其他教学工作者提供一定的参考和帮助。

关键词: 初中物理；实验教学；角色功能

物理这门学科其主要知识内容就是来源于实验之中，实验是这门学科的基础，因此在初中物理教学之中实验教学起着十分关键的作用，教师在教学时应当充分注重自己所采用的教学方法，认清自身在实验教学中扮演的角色，从而有效提升初中物理实验教学的效果。

一、初中物理实验教学现状分析

新课程改革以来，初中物理教学中实验教学占据的课程比例有着较大幅度的提升，许多教师都意识到实验教学对初中物理教学带来的积极性作用，对此给予了较高的重视。但是许多的教师在实际教学中却没有充分认识到自己角色功能，在开展实验教学时教师成为其中的主角，学生仍旧处于一种被动的接受学习状态，严重影响到初中物理实验教学的效果。即使对于一些自主性实验教学，教师都是提前为学生设置和讲解操作的步骤，然后让学生按照此步骤来操作完成，让学生总结归纳最终的实验研究结果，对于这种情况自主性实验教学中的自主性和探究性没有得到体现，学生在实验的过程中也没有充分发挥自己的想象去不断地探究和学习，造成初中物理实验教学效果弱化的现象出现。为此，在初中物理实验教学中教师应当清楚明白自身的角色功能，然后才能够对学生作出正确的引导，提升初中物理实验教学的效果。

二、初中物理实验教学中教师角色功能研究

在不同的初中物理实验教学中教师扮演的角色和发挥的作用是不同的，教师应当认清各类型实验教学的作用，然后明确自身在教学中的定位，才能够更好地对学生展开教育。当前在初中物理实验教学中常见的实验种类有：演示实验、自主实验以及探究性实验三种类型，下面分别从

这三种类型实验中教师的角色功能展开探讨。

（一）在演示实验中发挥示范功能

初中物理演示实验主要指的是教师将需要教学的实验内容按照操作步骤为学生进行演示，并在此演示的过程中对学生加以引导，让学生对整个物理实验进行观察分析。在演示实验中着重强调的是一种示范性，并以此实验来激发学生的学习兴趣，教师在其中应当发挥出来示范的功能。值得引起注意的是，在演示实验教学中教师的引导十分关键，如果教师对此处理不好，将可能让整个教学转变为一种传授灌输的教学方式，对提升学生的学习兴趣，提高课堂教学效率所起到的作用较小。因此，在实际的演示实验教学中，教师应当注重科学合理的引导，抓住其中学生感兴趣的点进行拓展，充分发挥出自身的示范功能作用。

例如，为了能够让学生对大气压强相关知识的学习产生更为浓厚的兴趣，可以为学生开展相关的演示实验。大家都清楚对一个塑料瓶用力吸气，该塑料瓶会瘪下去，这已经成为一种常识，但是大部分学生并不知道其中的原理，教师可以为学生讲解大气压强在其中的作用，然后教师向瓶中加入热水，将其放于冷水之中，塑料瓶也同样会出现瘪下去的现象，让学生思考分析其中的原因。在这种教学方式中学生的主体性地位得到体现，教学的效率才能够得到提升。

（二）在自主实验中给予学生更多自由发挥空间

初中阶段的学生对于外界事物的好奇性较高，尤其是面对一些较为新奇的事物或者现象时，这种好奇性表现得尤为的强烈。因此，在这种类型的物理实验教学中，教师应当给予学生更多自由发挥的空间，减少自身在物理实验教学中的讲解，让学生在物理实验课程之中有更多的时间去自由探讨和发挥，这对提升学生的兴趣，培养学生的自主学习能力有着较大的帮助。

例如，在开展关于压强自主研究实验的过程中，为了能够让学生自身体会到压强带来的影响和作用，教师可以利用日常生活之中的鸡蛋来进行实验。让学生将鸡蛋放在手心之中，然后用力握鸡蛋，学生在进行亲身体验之后，会发现通过这种方式很难将鸡蛋弄破。而在大家心中鸡蛋通常都属于易碎的物体，只需要在碗边轻敲就会破掉。这种较为奇异的现象能够更加容易调动学生学习研究的兴趣，让学生产生强烈的学习欲望，最后教师对该实验的原理和结果加以总结分析，由此带来的效果将会更好。

（三）在探究实验中发挥辅导性功能

在三种实验类型中，探究实验教学是最难的一种类型，单从教学过程来看，教师在其中所起到的作用进一步被弱化，但是在实际的实验教学中却并非如此。虽然不需要教师在教学中做过多的讲解分析，但是需要教师对学生探究实验的情况进行有效的监督，对于进入到误区之中的学生，教师应当适时地加以引导和纠正，让学生在探究性实验中思路更加清晰，培养学生的探究性思维。在此过程中教师更多的是发挥一种辅导性的功能，在学生需要的时候进行辅导，促进探究实验能够顺利完成，并发挥出良好的效果。

例如，在关于"凸透镜"的规律研究之中，教师首先需要为学生进行分组，以方便学生能够展开分组探究，然后将实验所需要的器材等交给学生，让学生以小组为单位设计探究实验，然后按照自己设计出来的探究实验步骤展开实验。在此过程中教师几乎变为课堂之中的旁观者，但是也正是因为教师作为旁观者，更加容易发现学生在探究性实验中所存在的问题，然后针对学生表现出来的问题给予他们及时有效的指导。如果发现在实验中所出现的问题较为普遍，教师可以专门对此问题展开讲解，充分发挥出自身这在探究实验中的辅导性功能。

三、结语

综上所述，教师在初中物理实验教学中的角色功能十分重要，初中物理教师在实际的教学中必须充分认清自身所处的位置，在不同的实验类型中发挥出不一样的角色功能，这样才能够让初中物理教学的效率更高。

参考文献：

［1］陈扬清．初中物理实验教学方法的创新思路［J］．教育教学论坛，2016（02）：254-255．

［2］王亚娟．利用综合实践活动拓展初中物理实验教学［J］．课程教学研究，2014（06）：63-66．

［3］蓝炜强．新课程背景下初中物理实验教学求同存异教学原则的应用价值［J］．现代阅读（教育版），2013（01）：128．

第二编 班主任工作

解决师生关系的几个关键问题之我见

　　一直以来，师生关系是否融洽，都是衡量一个班主任工作能力高低的重要标准之一，也是班主任工作的命脉。现代的中学生，获取社会信息的渠道非常广泛，他们"见多识广"但又受年龄特征限制而桀骜不驯，自主不乏幼稚，敏感且少理性，因此和谐的师生关系是干好班主任工作的根本保障，结合这些年的工作实际，我认为解决师生关系主要有以下几个关键性问题。

一、建立平等的人际关系是处理好师生关系的前提

在班级内平等的人际关系包括学生间的平等及师生间的平等，前者体现在教师的言行甚至眼神中，后者体现在教师的心里。尽管我们教师大都认为自己对学生平等对待，但对好学生与差生之间不自觉地会产生不同的情感，学生对此又非常敏感，因此，教师在这个问题上一定要特别注意。师生间的平等很多老师很难做到，甚至相当多的老师并不认同，而这一点恰恰是班主任能否让学生"交心"的一个重要前提。

二、民主公正的工作作风是保持良好的师生关系的根本途径

学生不是静物，他们有思考，有世界观、人生观，对班级及生活中的事有自己的看法，虽然这些看法往往是片面的或根本不可行的。这就要求教师在处理班级事务时多与学生沟通，一方面集思广益，另一方面让学生表述他们的观点后，明确分析出他们的不足以及教师行动方案的优

越性，这样，学生的"尊重感"得到满足的同时又对老师的智慧产生更多的敬佩。久而久之，他们会"服"老师、敬老师、爱老师并与老师交心。

三、爱是师生关系的"养护剂"

爱学生是一个班主任起码的道德要求，这种爱不仅停留在嘴上，它要朴素真实。有人说，爱学生，给好心不给好脸，其实这是错误的。虽然现在的学生都很敏感，但你对他们若仅有行动上的爱，他们不一定会感受到，这就要求教师既要会做，还要会说。这种艺术在度上一定要把握好，既能使学生明白且产生感恩之心又不能让学生反感，这样，让学生知道老师确实很爱他们，他们自然会亲其师，信其道，欣然接受老师教导的。

搞好班级管理工作就要"三心二意"

班主任处在学校教育工作的最基层，直接面对形形色色、亟待雕琢的学生，其复杂性和难度非一言所能概括。但万事总有头绪，办法总比困难多，只要能抓住工作要领，班管工作也可以搞得轻轻松松、有声有色。回顾多年来的经验，我认为"三心二意"地开展班管工作，会让班主任觉得轻松而且有效。

"三心"为先。

一、一颗无私奉献的"爱心"——"捧着一颗心来，不带半根草去"。

爱是无坚不摧的溶剂，她可以销蚀人与人之间心理上的隔阂，让人们心灵相通。因此，面对顽劣十足、亟待雕琢的学生，我们应该选择爱来做为我们与学生之间的连通器，想学生所想、教学生乐学。面对一颗炽热的爱心，任是怎样的学生也会被打动、被感化。生活上的关照和体贴、学习上的询问和引导、集会上的表扬和鼓励，这些细微之处，均可以用来渗透我们的浓浓爱意。爱是一股源源不断的动力，其催进作用无与伦比。因此，应该着力把班集体打造成一个充满爱意的乐园；并让大家从你的爱意中有所启迪，学会相互关爱。试问：一个充满爱意的班集体中，怎么会出现不和谐的声音呢？

二、一颗绵密如织的细腻、细致之心——"于细微处见精神"。

其实，学生在接受一个班主任的时候是非常挑剔的，而且，他们对于从选择到认可整个班主任的过程中眼光是非常"毒"的。他们往往会从我们的衣着打扮是否大方得体、言行举止是否自然潇洒、语言谈吐是否文雅幽默、待人接物是否真诚实在、课堂语言是否富有磁性、知识修养是否高深渊博等方面细致入微地加以审视。一旦合格，得到他们的认可，被他们视为知己，那么，你就可以率性地因材施教了。因此，在日常的教学工作、班管工作之余，我们不妨留心一下学生的情绪变化、心理波动、衣着打扮、日常行为和交友言谈，观察其是否有异常之处，再通过从其他同学处的了解来摸清实情，有的放矢地施以座谈、沟通，很容易地便能找到和学生之间的切入点，与他们"对上了点"。这样，班管工作便很容易开展了，而且效果肯定很好。

三、一颗坚持不懈的恒心——"学贵有恒"，班管工作亦然。

要数十年如一日地坚持，你的爱心、细心才能和始终如一、坚持不懈的恒心捆绑起来落地生根，继而发芽、开花、结果。否则，学生们会认为你纯粹是在作秀，那样的话，会适得其反。"才能就是坚持不懈地努力。"搞班管工作，亦是如此。我们需要从开学初起直到学期末，始终如一地坚持或加以引导，或纪律要求；或爱意浓浓、或批评教育，用同一个尺度，公平地对待每一个学生，让他们理解你处理班务的一贯原则是"公平、公正、公开"。这样，大家就会相互监督、相互促进、争相鼓励、共同进步。你便培养出一个出色的班集体。

"二意"为主。

一、一心一意培养学生树立"良好的社会意识"。

班主任的工作，育人的责任比传授知识的任务在某种程度上更为关键。学生在思想认识、思想意识方面还有许多问题，比如容易从书籍、报刊、影视、网络中学得不良习气。他们对于社会的认识，有很大的片面性，教育工作稍有不慎，便会出现大问题。

据调查，目前青少年犯罪率在逐年上升的同时，年龄呈现低龄化，而作案的手段却在不断地趋向成人化，这些问题已成为干扰学校正常教学秩序的不容忽视因素。究其根本，在于教师在抓班管工作的过程中，忽视了对其良好意识的有效培养。公德意识、公物意识，集体意识、服务意识，积极参与意识、公平竞争意识，自觉自主的学习意识、积极主动的创造意发明意识等，这都有待于我们班主任在自己的班管工作过程中着力引导、精心培养。

111

——良好的意识源自良好的思想品质，良好的意识能引发良好的行为习惯。

二、一心一意培养学生"坚韧不拔的意志力"。

"再穷不能穷教育，再苦不能苦孩子。"其实，目前的学生之中，由于独生子女占有绝对比例，因而娇气十足，严重缺乏独立自主、吃苦耐劳的精神。基于此，我特别提出班集体"学生健康成长"口号——"吃苦不是吃亏，刻苦不是愚笨，好问不是无知，礼貌不是怯懦，蛮横不是阳刚"，并教育他们"是非之话不说，是非之地不去，是非之人不交，是非之事不做"，告诫他们，"读万卷书，行万里路，经万件事，交一万个朋友，你才能算得上个真正的成年人"。

借运动会、篮球赛、文艺汇演、文学社投稿等活动，我用真真切切的事例教育他们无论做什么事，都不能半途而废，哪怕是一丝的懈怠心理、一个念头也不可以有。"学如逆水行舟，不进则退。"做人、做事亦是如此，因此，要成长为一个真正的人才，必须具有坚韧不拔的意志品质。

"珠宝易辨，肉蛋难认。"班主任整天面对的就是一个个千变万化的"肉蛋"。他们情绪喜怒无常、心理千奇百怪、基础参差不齐，需要我们有"蛇打七寸"的准确度来抓班管，这样才能轻松有效。兹"三心二意"法，何妨一试？

教无定法，班管亦无定法。——是为班管工作总结。

班级管理中的优等生的模范效应

一个班级避免不了要有优等生和差等生之分，而刚升入初中的新生，他们一个个来自不同学校，这样组合而成的班集体，多数犹如一盘散沙，作为班主任，面对这样的班集体，可谓是万千滋味聚集心头。我觉得一开始就狠抓学习是不明智的，首要的问题是如何把这个班集体凝聚到一起，然后学生才会顺理成章地把努力学习当成是对班集体的一份贡献。在这一年中，我通过优秀学生的模范效应来带动一切可以带动的力量，通过主题班会渗透班级精神，使班级管理工作进行得有条不紊并且还很高效。

开学第一天，我就把临时班委成员留下来，要求他们用行动告诉其他学生应该怎么做，我们班的精神是什么。有了这些同学的鼎力支持，我的班主任工作开展得相当顺利。每当轮到班委成员擦黑板时，黑板就比平时要干净；每当大扫除时即使不该他们劳动，他们也会留下来帮忙；每当有人抄作业时，我都能及早知道……所以我这样表扬我们班的同学："从咱们班走出去的每个人都将是劳模。"终于，有一个同学敞开心扉对我说："老师，我觉得我是个没用的人。"我便鼓励她走进这个积极向上的集体，为班级尽自己的微薄之力。是啊，谁能生活在这样的集体中而不被感染呢？

团员效应

虽然才是初中一年级的第一学期，我们班就已经有 5 名团员了，每名团员都是全班同学选举出来的优秀学生，而且成立了团支部。为了不让这么好的资源闲置，我重新划分了学习小组，每个组长都是团员，他们管理起组员来，比我严格，也细致得多，他们无时无刻不盯着自己的组员。语文老师听写时，他们就会叮嘱自己的组员仔细检查检查再交；历史老师留下背诵作业时，在老师检查之前，他们早检查过一遍了。因此，我们班学生的优异成绩里凝聚着每一位团员的责任心。

团员们不光在学习上如此，在其他方面也不逊色。记得那是一节自习课，李同学因不服管教和班长争吵了起来，杨同学觉得李同学不该如此，就动手"教训"了他。事后，杨同学被小组长罚写检查，杨同学和其他同学不理解，觉得自己没错。组长说："扰乱课堂纪律固然有错，但不应采取这种方法来制止。"你难道不会因为有这样负责任、处理事情如此大气的学生而骄傲吗？

班会效应

这学期，我开过许多次班会，其中有一次让我和学生们记忆犹新，也正是通过那次班会，我们班才真正团结起来。那次班会的主题是"痛苦、快乐和伤心我们一起度过"。

班会前我们班的同学做了充分的准备，布置了前黑板，准备好了1分钟演讲的内容，有的学生还把动作都设计好了，还特意办了一期板报，主题也是"痛苦、快乐和伤心我们一起度过"。首先，我说了开场白："同学们，这些日子我们经历了很多事，有痛苦的也有快乐的，它们一直感动着我。比如那些流动红旗、办公桌上的小纸条、讲台桌上的那瓶水等，今天让我们尽数自己的快乐和忧伤吧，下面同学们开始1分钟演讲。"然后，班委们，课代表们以及其他学生都上去演讲了，他们的演讲技能有优有劣，但讲述的身边的事却让许多同学流下了感动的泪水。快下课了，有的学生还没有上台演讲，他们强烈要求下次班会继续演讲，他们要把自己的故事讲出来。最后，我教了他们几句的歌词："不管他们怎么说，我只要你爱我，痛苦、快乐和伤心我们一起度过。"

宾馆效应

你走进五星级宾馆是什么感觉？肯定和走进小饭馆不一样吧？进入小饭馆常常会见到客人大呼小叫，会随地倒茶水等不文明行为，可是任何一个人走进五星级宾馆都会下意识地收敛自己的行为。在第二学期之初，我就带领学生精心布置了教室，丰富了班级文化；另外，我还给学生渗透我们班是一个优秀的班集体，学生是优秀的学生。这样学生进入这个班，就像置身于五星级宾馆一样，就会自觉地注意自己的言行、举止，生怕因为自己的行为玷污了这个圣洁的殿堂。

我们班的故事很多很多，在未来的日子里，我们将会创造出更多的奇迹。

做个爱阅读的班主任

一个人的视野宽了，心胸自然也会宽广许多，心胸宽广的人对身边的小事不会斤斤计较，没有了斤斤计较，快乐自然会伴在我们左右。拓宽我们视野的最为便捷的方法，恐怕就是阅读了。

阅读真是一件愉悦的事情。闲来无事，或躺在床上，或斜倚沙发，或端坐书桌前面，或把自己置身于冬日的暖阳怀抱，或放自己于青青河边，手捧自己心爱的书，醉心阅读，心随作者或喜或悲，惑爱或恨，或南或北，或高山或大海，或扬鞭或策马。心的自由只有自己知道，那份醋畅淋漓，是任何金钱都难以购买得到的，也是任何权利都不能够拥有的。

无论是手捧书卷，还是面对电脑，我们都能够足不出户而畅游世界的各个角落。记得有一次，一个朋友去云南旅游，在电话中我们畅谈云南各处风光和风土人情，他每到一处，都会和我电话交流，一直到他回来，才知道我根本没有去过云南。能够因阅读和朋友畅谈，解朋友旅途寂寞，不是一件值得高兴的事情吗？课堂上，教师引经据典，谈古论今，话题涉及海内外，这种时候看学生的眼光，那样明亮和羡慕，作为教师，会不高兴吗？时间久了，学生也会和你一样，走进阅读的世界，做你的挚友，快乐不？

也有一种时候，我会带着闲散的心情，或立于街角，或于公交车上，或于饭店一隅，阅读身边的人们。有时感动，有时愤怒；有时失笑，有时沉思；有时羡慕，有时自得。于万千姿态中领略人生之美妙，之丰富，之无奈，之多情，更是别有一番滋味在心头。这样的时候，你也在别人的眼里，装点着别人的世界，成为别人的记忆，想起这些的时候，该有一种什么样的情怀呢？如果你能够把你的这种阅读搬到你的课堂，搬到你的班级，合理利用你所阅读的资源，与你的学生们分享，那种快乐，无与伦比。

读书，读网，读学生，读生活，读人生。阅读，是快乐班主任的快乐源泉。想快乐的班主任朋友们，走进阅读吧，以自己对阅读的喜爱之情，感染学生，和学生一起，做快乐的阅读人，快乐自己也快乐别人。

做个心态阳光的班主任

近几年中小学教师所承受的压力很大，来自学校、家长、社会、媒体的各种压力把教师压得有些喘不过气来，特别是班主任，每天更是提心吊胆，再加上班主任身兼两职，学科教学的压力和班级管理的压力使班主任比其他教师承受的压力更大。记得一位好朋友说过这样的一次心理经历，他的班里有一位非常难缠的同学，天天有老师同学把状告到他那里，为了那个同学，他家访、谈心、帮忙制定计划等，能用的方法几乎都用上了，可谓尽足了心。可是有一天，因为有老师告状，当他找那位同学询问情况时，那位让他费尽了心血的学生竟然还没等他开口就对他破口大骂，他丢下那位同学下楼去操场了。事后他告诉我说，当时他真的气愤到了极点，幸亏还有那么一点点理智，否则，不知道会出现什么严重的后果呢。

讲这个例子不是想批评那位教师，也不是想批评那位同学。我只是想让大家明白，有一些时候，教师，特别是班主任会有难以承受的心理压力。而一般情况下，大家几乎都处于一种压力状态之下。如果学校管理者缺乏感情投入，教师的压力会让人更加难以承受。

这种压力导致教师心理压抑，丧失发现优点、发现快乐、发现美的心态。再加上祖国文化的积淀，我们大都讲究良言逆耳。历史上被人们千古传诵和爱戴的大多是敢进逆耳忠言的忠良。

无论是来自外界的压力，还是流在我们血液中的文化积淀，都要求我们做教师的善于发现学生的不足之处。若是细心的人会发现老师批评起学生语言之丰富，感情之充沛是一般的人很难企及的；表扬起学生语言之乏味，感情之苍白是令人难以置信的。有些老师干脆这样表扬学生："表扬某某。"表扬就结束了，既不知道某某为什么被表扬，也不知道表扬某某的目的是什么，因为听课教师实在没有发现某某有什么值得表扬的地方。这不怪老师们，这是我们几千年来形成的一种习惯。但是，发现不了好的一面，我们就难以真正享受我们的工作，特别是当我们承受着很大的压力的时候，我们更要学会发现一些美好的现象和行为，学会发现一些学生优秀的一面，而不是满眼的不足，只有这样，我们才能够做快乐的班主任。

用现在的一句流行语，做个心态阳光的班主任，快乐自己也快乐学生，快乐同事也快乐家人。怎样做心态阳光的班主任呢？

首先，凡事未虑败先虑胜。与我们的先人反其道而行之。

一直以来，我们做事讲究未虑胜先虑败，这对心理受压能力强的人来说是一种良好的思维方式，因为这样思考问题使得做事的时候能够避免一些不必要的损失。但是，这种思维方式导致我们做事容易优柔寡断，难以雷厉风行、当机立断。从另一种角度考虑，这种思维方式无形之中加大了我们的心理压力，使我们做事情之前先背上沉重的包袱，毕竟我们先考虑的困难是不存在的，是还没有发生的，有着极大的不确定性。我们何苦为了那种不确定的因素让自己背负沉重的心理压力呢？未虑胜先虑败的思维方式还会导致我们产生惰性的应对心态，事情还没有做呢，失败后该如何收场已经了然于胸了，这样，无疑会削弱了大家的积极性。空中客车计划设计制造空中客车与波音飞机争夺市场的时候，考虑得更多的不是失败了怎么办，而是空中客车的优良性能和美好前景。结果，没有多少年，空中客车现在已经和波音对半分配市场份额了。

遇到有学生犯错误，我们大可不必先考虑这个错误会给将来带来怎样重大的损失，也不必考虑这个错误会给班级带来怎样重大损失，更不必考虑这个错误会给班主任本人带来怎样重大的损失。不考虑这些，我们可能就不会急火攻心，勃然大怒了。学生和我们一样是人，是活生生的人，有七情六欲，他们怎么可能不犯错误呢？心态摆正了，对犯错误的学生的处理才会真正地体现人文化。

其次，对学生的错误就事论事，不翻旧帐。

我们是教师，我们每天要面对很多学生，他们都是孩子，会不停地出问题。根据多年的从教经验，那些调皮捣蛋的学生毕业后不一定没出息，相反，他们中的大多数对社会的适应能力很强，有很多还作出了不小的成绩。因为这些学生经常受老师批评，抗挫能力和与上司打交道的能力相对较强。想清楚这些，面对学生们的错误，我们就能够平心静气了。

班主任劳累、不快乐的一个主要原因，恐怕就在于翻旧帐了。一般情况下，我们会对学生不太大的错误持忽略的态度，这样既能维护学生的自尊，也能给自己留出思考的余地。做到这一点很容易，可是一旦学生犯了班主任认为比较大的错误时，要做到心平气和恐怕就很难了。大多教师会在听到或者看到学生的错误时，便会一股脑地想起他以前的所有错误，然后怒火中烧，连珠炮般地批评就接踵而来了。以前忽略学生错误时所取得的教育效果，会因此荡然无存。

翻旧帐会损伤班主任在学生心目中的形象。学生本来对班主任的宽容心怀感激，可是不经意的一次错误，班主任不经意的一次翻旧帐，这份感激要想再培养起来就要花更大的力气了。因为这个时候学生心目中的班主任成了一个虚伪的人。把学生当平常人对待，允许他们犯错误，特别是面对一些无心之错，我们更应该心平气和地对待。就事论事，不翻旧帐，使学生接受我们的批评和教育，以提高我们的教育效率，这样才能做快乐的班主任，不信就请试一试。

做个心态阳光的班主任，快乐自己也快乐别人。